ANNA TEUT

BÜRGERLICH KÖNIGLICH
WALTHER RATHENAU UND FREIENWALDE

: TRANSIT

INHALT

IN MEMORIAM

Mit Liebe und Pietät hat mein Freund das verwahrloste Königsschlößchen Freienwalde sozusagen aus dem Staube gehoben und ihm den Glanz königlicher Bürgerlichkeit wiedergegeben. Das Geschenk dieser Perle märkischer Kultur an die liebliche Stadt Freienwalde bedeutet die Verwirklichung der rettenden Idee Walter Rathenaus. Aus dem zerbröckelnden Denkmal des Königtums wurde in seiner Hand ein königliches Geschenk an das Bürgertum. So wie auch mir in glücklicher Zeit, stehen nun die gastfreien Pforten von Park und Schloß Freienwalde allen offen, ein Segen für viele Generationen, der seinem Donator zum schönen, dauernden Denkmal werden möge.

Gerhart Hauptmann, Grußbotschaft zur Wiedereröffnung des Schlosses, 1927

Eine knappe Fahrstunde nordöstlich von Berlin liegt im Windschatten eines märkischen Hochplateaus das Schloß Freienwalde. 1798/99 von dem preußischen Landbaumeister David Gilly für die Königin-Witwe Friederike Luise 1798 gebaut, durchdämmerte es, vom Königshaus kaum genutzt, das 19. Jahrhundert in einer Art Dornröschen-Schlaf, bis es 1909 durch den Rechenstift des kaiserlich-königlichen Haushälters August Graf zu Eulenburg unsanft geweckt und zusammen mit einigen anderen königlichen Schlössern und Liegenschaften zur Versteigerung freigegeben wurde. Glücklicherweise fand sich ein Liebhaber, der es vor diesem Schicksal bewahrte. Walther Rathenau, Großbankier, Industrie-Manager, Kunstschriftsteller, Zeitkritiker und Bewunderer der »anmutigen, etwas provinzialen, wie zu zarten Eisblumen gefrorenen Antike des preußischen Klassizismus« (Harry Graf Kessler) erwarb es, baute es nach seinem Geschmack für seine Bedürfnisse behutsam um, restaurierte und komplettierte die Beletage der Königin, kultivierte seine Gärten und nutzte es als Sommersitz und Retiré aus der Welt der Geschäfte und dem pulsierenden Leben der explosiv wachsenden Reichshauptstadt. Hier konnte er relaxieren und seinen künstlerischen, philosophischen und politischen Ambitionen nachgehen, zu denen ihm der alltägliche Streß und die »Unnatur« der Stadt keine Zeit ließen. Als er gegen Ende des Ersten Weltkriegs befürchtete, daß sein Schlößchen als Privatbesitz möglicherweise nicht zu halten und zu erhalten war, wandelte er es zusammen mit einem Großteil seines Vermögens in eine »Walther Rathenau-Stift's GmbH« zum Zwecke »gemeinnütziger Wirksamkeit auf allen Lebensgebieten, im Besonderen des Erziehungs- und Fortbildungswesens« um, die nach ihrem Erlöschen dem Landkreis Oberbarnim übereignet werden sollte.

Dieser Zeitpunkt kam früher als erwartet. Nachdem er nach nur fünf Monaten Amtszeit als deutscher Außenminister am 24. Juni 1922 von rechtsradikalen Attentätern ermordet worden war, ging die Stiftung zunächst in den Besitz seiner Mutter und nach deren Tod 1926 als Schenkung der Erben – das waren seine Schwester Edith Andreae und ihre vier Töchter – in den Besitz des Landkreises Oberbarnim über. Unter der Auflage: »Park und Schloß als Erinnerungsstätte an die altpreußische Landkultur und den Reichsaußenminister Dr. Walther Rathenau zu erhalten und der Bevölkerung zugänglich zu machen«. Als solches ist es äußerlich kaum verändert auf uns überkommen. Doch bevor wir uns ihm zuwenden, hier zunächst ein Blick in die Geschichte der Stadt, mit der es nicht nur seinen Namen teilt.

ZUR GESCHICHTE DER STADT
UND DES SCHLOSSES FREIENWALDE

Freienwalde von den Höhen
bei Schiffsmühle aus gesehen.
Links der Weidendamm und die
Brücke über die alte Oder, ganz
rechts das bis heute erhaltene
Schinkel'sche Chausseehaus.
Stich von Poppel und Kurz nach
einer Zeichnung von J. Gottheil,
um 1850

Stadt und Bad Freienwalde

»Freienwalde – ein hübsches Wort für einen hübschen Ort«, fand
Theodor Fontane, als er sich ihm zu Beginn seiner »Wanderungen durch das Oderland« näherte. »Aber ob wir es Freienwalde
schreiben (von frei im Walde) oder Freyenwalde (von Freya im
Walde), in den Marken gibt es wenige Namen von besserem
Klang«.[1] Dabei hatte Fontane nur einen Bruchteil der bis in die
Steinzeit zurückreichenden Siedlungsreste und Gräberfunde vor
Augen, die sich in heutiger, archäologischer Sicht um das von
den Veduten-Malern des 19. Jahrhundert vielfältig dargestellte
hübsche Städtchen kumulieren. Um 1200 als Stützpunkt mittel-
alterlicher Fernhändler aus dem Nebel der Geschichte auftau-

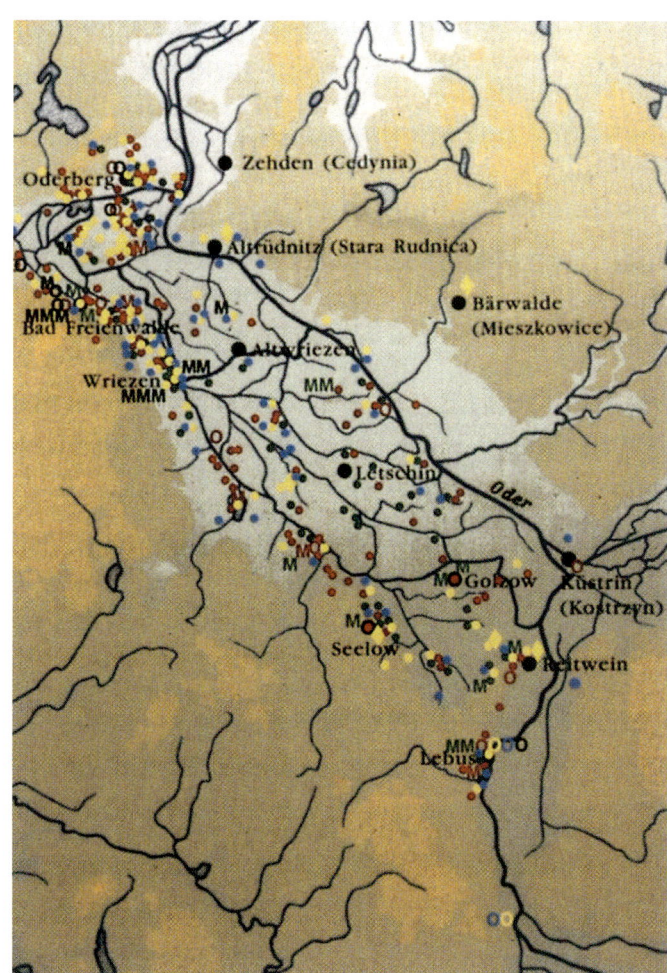

Archäologische Fundplätze in
der Umgebung von Freienwalde

Jüngere Steinzeit: *rot*
Bronzezeit: *gelb*
Eisenzeit: *blau*
überlieferte Burgruinen: schwarz

chend, finden wir es unter dem Namen »vrienwalde« urkundlich erstmals erwähnt, als dort der letzte askanische Markgraf Leopold 1316 dem Kloster Chorin den uckermärkischen Flecken Lüdersdorf verschrieb. 1384 der Lehnsherrschaft eines altmärkischen Rittergeschlechts von Uchtenhagen unterworfen, durchlebte es, von zwei Kiezen flankiert, als offene Ackerbürger- und Fischerstadt mit begrenztem Markt in den folgenden Jahrhunderten mit hohen Abgaben an den Landesherrn belastet, im Schutze der umliegenden Burgen anscheinend relativ friedliche Zeiten. Sie hatten ein Ende, als der letzte Uchtenhagen 1618 starb und die Stadt unter die Herrschaft des brandenburgischen Kurfürsten Johann Sigismund geriet und mit ihm und seinem Nachfolger in die Wirren des Dreißigjährigen Krieges (1618-1648). Von gegnerischen Truppen wiederholt besetzt, ausgeplündert und verwüstet und von der Pest beinahe entvölkert, kümmerte sie auch in der zweiten Hälfte des 17. Jahrhunderts wie ganz Brandenburg noch Jahrzehnte vor sich hin, bis sich ein findiger Apotheker und Arzt erinnerte, daß es etwa dreiviertel Meilen südlich des Städtchens eine rötlich schimmernde Quelle gab, von der die Rede ging, daß sie Kranke heile und vielleicht Edelsteine – Rubine – enthalte. Flugs schickte er Proben des Wassers an die Hohe Medizinschule in Frankfurt an der Oder und den auf der Pfaueninsel zwischen Berlin und Potsdam experimentierenden Hof-Chymnicus Johannes Dunkel und beide fanden, daß es zwar keine Rubine, aber Mineralien enthalte, die in der Tat heilkräftig seien. Ein Befund, der es dem nach Eroberung Pommerns, seiner See-Schiffahrt bis nach Afrika und der »Peuplierung« seines Landes mit tüchtigen Kanal- und Straßenbauern, Handwerkern und Landwirten aus Holland, Friesland, Salzburg, Böhmen, zirka zwanzigtausend hugenottischen Glaubensflüchtlingen aus Frankreich nebst fünfzig reichen jüdischen Familien aus Wien zu Recht vielgerühmten Großen Kurfürsten Friedrich Wilhelm ermöglichte, sich mit einem eigenen Staatsbad dem Reigen der in ganz Europa aufblühenden Badestädte anzuschliessen. 1684 ließ er neben St. Nikolai zu »künftigem bequemen Aufenthalt daselbst« auf den Grundmauern einer mittelalterlichen Burg ein »Schloß aus Steinen« errichten, um das sich alsbald eine Reihe von Verwaltungsbauten und Bürgerhäusern gruppierte. Zugleich organisierte er an der Quelle den Badebetrieb, den er in seinen letzten Lebensjahren mit seinem Gefolge

Empfang der Refugiés
durch Kurfürst Friedrich Wilhelm
im Jahre 1685.
Kupferstich Daniel Chodowiecki,
1799

auch persönlich nutzte; was allerlei armes, dienstwilliges Volk anlockte, das mit eigens gebackenen Wispelbroten beköstigt und entlohnt wurde. Von seiner Karawanserei dürfte neben einigen anderen Gebäuden seine Trinkkurhalle zurückgeblieben sein.

Sein Sohn setzte den Wiederaufbau des Landes konsequent fort, indem er 1696 »zur Zier und zum Nutzen des Landes« nach dem Vorbild der Pariser »Academie Royal de Peinture et de Sculpture« die »Berliner Mahl-, Bild-, Baukunst-Akademie«, die heutige Akademie der Künste, und im Jahre 1700 mit dem Philosophen Gottfried Wilhelm Leibnitz an der Spitze die »Societät der Wissenschaften«, die heutige »Akademie der Wissenschaften« begründete, sich 1701 in dem alten Ordensschloß in Königsberg eigenhändig zum König *in* Preußen krönte und mit dem Umbau und Ausbau der alten kurfürstlichen Residenz durch Andreas Schlüter, Oskar Nehring, Eosander von Göthe und ungezählten Malern, Skulpteuren und Kunsthandwerkern aus ganz Europa seiner Landeshauptstadt ein Schloß schenkte, das bis zu seiner Zerstörung 1945/52 eines der größten und schönsten innerstädtischen Barockschlösser nördlich der Alpen blieb. Auch der König Friedrich I. visitierte, mit den Jahren alt und gichtig geworden, den Freienwalder Brunnen, wo er sich von Schlüter in unmittelbarer Nähe der Quelle ein zwei Stockwerk hohes, von vielen Säulen umstandenes »Lustschloß aus Holz« errichten ließ – mit mehreren Zimmern zum Gebrauch des Brunnens im unteren und einem prächtigen Speisesaal und Ruheräumen im oberen Geschoß. Offenbar war es auf dem modrigen Grund nahe der Quelle – wie der Berliner Münzturm – schlecht fundiert. Jedenfalls soll es sich während einer lustvollen Mahlzeit unter einem plötzlich hereinbrechenden Gewitterregen derart zur Seite geneigt haben, daß die Schmausenden sich gezwungen sahen, das Lokal eilends zu verlassen und ihre weiteren Trinkkuren und Bäder aus täglich in seinen Landsitzen bei Berlin herangeschafften Kannen und Kübeln zu genießen.

Von seinem Sohn, dem wegen seiner Zwangsrekrutierungen im ganzen Land gefürchteten »Soldatenkönig« Friedrich Wilhelm I., wurde der Schlüter-Bau 1722 abgerissen, das Bad jedoch weiter ausgebaut und sein Gebrauch mit einem seine Sittsamkeit gewährleistenden »Reglement« einschließlich regelmäßiger Ge-

König Friedrich I. von Preußen.
Bildnis nach einem Stich von
J.G. Wolfgang

betszeiten versehen, das auch unter Friedrich dem Großen in
Kraft blieb und manchem seiner getreuen Bediensteten, vielleicht auch einigen seiner aus den drei schlesischen Kriegen
heimgekehrten Invaliden, Heilung oder zumindest Linderung ihrer Leiden verschafft haben dürfte. Er selbst interessierte sich
für Bäder und ähnliche »Quacksalbereien« bekanntlich nicht,
obwohl sie ihm vielleicht gut getan hätten. Er genoß sein Leben
nach seiner grausamen Kinder- und Rekrutenzeit als Kronprinz
in Rheinsberg, komponierte Soli und Orchesterstücke für sein
Flötenspiel, schrieb Verse, Lehr- und Spottgedichte frei nach
»Palladion«, führte, 1740 König geworden, drei blutige Kriege
um Schlesien und widmete sich, leidenschaftlicher noch als seine Vorgänger vom barocken »Bauwurmb« befallen, der Verschönerung seiner Hauptstadt durch das Forum Fridericianum, den
Deutschen und den Französischen Dom und seiner »Domäne
Potsdam«, deren Schlösser und Gärten in den letzten Tagen des
Zweiten Weltkriegs nur durch eine plötzlich Winddrehung vor
dem Feuersturm bewahrt blieb, der die Innenstadt zerstörte. In
der Kurmark ließ er die Oder als wichtigsten Handelsweg seiner
neuen Provinz Schlesien begradigen und vertiefen, die westlich
angrenzende Bruchlandschaft trockenlegen, von tüchtigen Entre-
preneurs mit Angerdörfern bebauen und Kolonisten anwerben,
denen er Privilegien wie eigenen Grund und Boden, Befreiung
vom Kriegsdienst, Religionsfreiheit, Steuervergünstigungen,
Schulen u.a.m. gewährte, was in Verbindung mit den allgemei-
nen Fortschritten der Landwirtschaft maßgeblich dazu beitrug,

Der Gesundbrunnen
bei Freienwalde.
Stich von
Johann David Schleuen d.Ä., 1745

daß sich das Oderland im 19. Jahrhundert zu einer der reichsten Kornkammern und Geflügelzucht-Ländereien Preußens entwikkelte.

Für die Stadt Freienwalde ergab sich aus der Trockenlegung des Bruchs und der Verlagerung der Oderschiffahrt an seinen östlichen Rand ein gravierender Strukturwandel. Fischfang und Handel gingen zurück. Verwaltung, Schulen, neue handwerkliche Betriebe und die königliche Badeanlagen gewannen an Bedeutung und erhielten neuen Auftrieb, als im August 1786 der große alte König in Sanssouci sein Leben aushauchte und seinem ungeliebten Nachfolger Friedrich Wilhelm II. Platz machte, von dem er kurz vor seinem Tode zu dem Grafen Carl Georg von Hoym gesagt haben soll: »Ich werde Ihnen sagen, wie es nach meinem Tode gehen wird. Es wird ein lustiges Leben bei Hofe geben. Mein Neffe wird den Schatz verschwenden und die Armee ausarten lassen. Die Weiber werden regieren und der Staat wird zugrunde gehen.« Ein Verdikt, das von vielen Historikern des 19. Jahrhunderts, allen voran Heinrich von Treitschke, vielstimmig

Ansicht der Stadt Freienwalde vom Weinberg aus gesehen, gezeichnet und koloriert von Florian Großpietsch

14

nachgebetet wurde – ungeachtet der Tatsache, daß Preußen nach seiner anfänglichen Verwicklung in die Kriege Alteuropas gegen das revolutionäre Frankreich mit seinem durch die drei Teilungen Polens nahezu doppelten Gebietsumfang, dem Erlaß des preußischen Landrechts, der Liberalisierung und Weiterentwicklung von Handel und Industrie und in kultureller Hinsicht durch seine Abkehr vom französischen Vorbild in Theater, Musik, Poesie und Philosophie einen tiefgreifenden sozio-kulturellen Wandel durchlebte – nach Madame de Stæl ein »Land der Dichter und Denker« wurde. Und das Kernland eines Klassizismus, der in Gestalt einzelner Bauwerke die Barbarismen der beiden nachfolgenden Jahrhunderte glücklich überstanden hat. Gleich nach seinem Regierungsantritt holte König Friedrich Wilhelm II. Johann Gottfried Schadow (1764-1850) aus Rom zurück und beauftragte ihn mit der Leitung seiner Hofbildhauerwerk-

Friedrich Wilhelm II.
Gemälde von Frédéric Relam, o.J.

statt. Aus Dessau kam Friedrich Wilhelm von Erdmannsdorf (1736-1800) und baute in Potsdam das Sterbezimmer Friedrich des Großen und in Berlin seine Schloß-Suite am Lustgarten um. Aus Breslau berief er Carl Gotthard Langhans (1732-1808) als neuen Hofbaumeister und aus Stettin den Pommerschen Landbaudirektor David Gilly in das zentrale Oberbau-Departement, wo ihm die Bauverwaltung der Mark Brandenburg und der neuen polnischen Provinzen übertragen wurde. Mit dem Bau des Brandenburger Tors, für das Schadow die Quadriga schuf, des Nationaltheaters, auf dessen Grundmauern Karl Friedrich Schinkel (1781-1841) ab 1817 nach einem Brand das heutige »Deutsche Schauspielhaus« errichtete, nicht zuletzt seinen landschaftsgärtnerischen Schöpfungen nach englisch-palladianischen Vorbildern bewirkte er, daß sich die Architektur im Bunde mit der tradierten Landbaukunst und der literarischen Romantik nach der Maxime größtmöglicher Einfachheit, Zweckmäßigkeit, Schönheit und Bequemlichkeit binnen weniger Jahre über das »Schnörkelwesen« des späten Rokoko hinwegsetzte.

In Freienwalde und Umgebung förderte er den Ausbau des Finow-Kanals und der Eberswalder Schleusen und Eisenhüttenwerke. Die in der Nähe des Gesundbrunnens gelegenen, als Alumnat des Potsdamer Kriegsweisenheims geführten Alaunwerke ließ er auf das Dreifache vergrößern und am Gesundbrunnen von Langhans neben dem Trinkkurhaus des Großen Kurfürsten ein stattliches Logierhaus bauen, das von Schinkel 1818 durch einen grazilen Tanzpavillon erweitert wurde (1961 abgerissen).

Während der König seine Sommer in seiner nur elf Jahre währenden Regierungszeit mit seiner lebenslänglichen Geliebten Wilhelmine Enke alias Madame Rietz alias Gräfin Lichtenau in der Regel im Marmor-Palais in Potsdam und kurend in Bad Pyrmont verbrachte, entschloß sich die ihn 1788 auf seiner Huldigungsreise durch die Erblande begleitende Königin Friederike Luise – nach den ungalanten Erinnerungen des Hofmarschalls Friedrich Ludwig Alexander von der Marwitz »vor der Zeit alt und krumm geworden«[2] –, ihre allfälligen Kuren fortan in dem »lieblichen Freienwalde« zu nehmen, das sie möglicherweise an die nach ihrer Heirat nie wiedergesehene hessische Heimat erinnerte.

Sie wurde als Tochter des zeitweilig im Dienste Friedrich des Großen stehenden Markgrafen Ludwig IX. von Hessen-Darmstadt 1751 in Prenzlau in der Mark geboren, in Berlin getauft und wird in den Annalen der preußischen Königinnen[3] im Schatten der schönen Maitressen ihres Gatten und ihrer Schwiegertochter – Preußens »Königsrose« Luise von Mecklenburg-Strelitz – als eine »etwas seltsame Person« geführt. Sie war gerade siebzehn Jahre alt, als ihr Taufpate Friedrich II. bei ihrer Mutter für seinen frisch geschiedenen Neffen um ihre Hand anhielt. Er verband dies mit dem Kompliment, daß sein Wissen von den Vorzügen der Mutter auf die Wahl ihrer Tochter zur neuen Gemahlin seines Nachfolgers Einfluß gehabt habe, wobei er zugleich an das Vergnügen denke, »welches Sie mir bereiten, wenn Sie selbst die Versprochene hierher geleiten würden.« Der derart bevormundete Neffe hatte demnach auf die Wahl seiner neuen Gemahlin keinen Einfluß. Er mußte heiraten, um die Erbfolge zu sichern, und versicherte seiner Künftigen in seinem förmlichen Antrag: »Ich bin sicher, keine bessere Wahl treffen zu können ... obgleich ich nicht das Glück habe, Ihrer Hoheit näher bekannt zu sein, hoffe

Historische Bauten am Gesundbrunnen, v. l. kurfürstliche Trinkkurhalle, Logierhaus von C. F. Langhans, Saalanbau von Karl Friedrich Schinkel, 1818. Gezeichnet und lithographiert von F. von Laer um 1830

ich doch, daß Sie überzeugt sein dürfen, daß ich alles in der Welt tun werde, um ihre Achtung und Freundschaft zu verdienen.«

So kam, was kommen mußte: Am 14. Juni 1769 wurde die von ihrer Mutter als nicht besonders schön oder talentiert, aber als »Charakter mit einem gut Herz« Angekündigte dem künftigen König von Preußen in der Schloßkirche von Charlottenburg angetraut; jedoch nicht, wie ihre Vorgängerin, in einem der zahlreichen königlichen Schlösser oder Landsitze, sondern in einem der Kgl. Immediatbauten für Offiziere in der Potsdamer Innenstadt einquartiert. Hier brachte sie, wie von ihr erwartet, unter dem Glockengebimmel der nahen Garnison-Kirche und den Marschtritten und Horngebläsen der Regimenter ihres Gatten von 1770 bis 1783 sieben Hohenzollern-Prinzen und Prinzessinnen zur Welt. Sie machte sich aber, mit der anhaltenden Untreue ihres Gemahls hadernd, wegen ihres Mangels an Ordnungssinn und Pünktlichkeit, der Vernachlässigung ihrer Toilette und Frisur und ihres nicht tadellosen Benehmens gegenüber ihrem Gatten bei Hofe derart unbeliebt, daß er beschloß, »die Verfügung über ihrer beiderseitigen Tage zu trennen und seine Diners und Soupers stets bei sich einzunehmen«, wie seine Cousine, die Schwester

Friedrich Wilhelm II. mit Friederike-Luise und ihrer Kinderschar.

Scherenschnitt o. J.

Oben:

Der Garten am Gesundbrunnen. Kolorierte Radierung von C. B. Schwarz, 1798

des legendären Prinzen Louis Ferdinand von Preußen, später verehelichte Luise Radziwill, in ihrem Tagebuch hinterließ.

Darüber soll sie vollends in »Lethargie« verfallen sein, die jedoch ein Ende hatte, als im August 1786 der große alte König endlich starb. »A la Romain gekleidet«, fuhr sie mit acht Pferden in Gala, vom Stadtvolk umjubelt, vor der Schloßkirche in Charlottenburg vor, wo sie von ihrem Gatten und den Prinzen in den langen Mänteln des preußischen Ritterordens erwartet, zum Altar geleitet und gekrönt wurde. Anschließend nahm sie auf dem Balkon des Berliner Stadtschlosses an der Seite des Königs die Huldigung der Stände und die Treueschwüre der Bürgerschaft

Königin Friederike Luise von Preußen.
Gemälde von Anton Graff, um 1785

entgegen. »Die Kanonen donnerten die ganze Zeit, die Glocken läuteten und die Vivats der Volksmenge, besonders für die Königin nahmen kein Ende. Dann Dinner an 11 Tafeln für die Stände und 28 für die Deputationen der Bürgerschaft«[4] – so die Gräfin Voß in ihrem Tagebuch. Berlin-Preußen feierte wie angedeutet den Anbruch einer »neuen Zeit«, an der die Königin in ihrem »Schmuckkästchen« Monbijou und ihrer von Langhans neu gestalteten Beletage im Südflügel des Schlosses mit ihren allwöchentlichen Couren, Empfängen, Bällen, Konzert-, Opern- und Theateraufführungen vollen Anteil nahm.

Königin Friederike Luise, Schloßherrin in Freienwalde

Ihre regelmäßigen Kuraufenthalte in Freienwalde trugen in nicht geringem Maße dazu bei, daß sich der Kurbetrieb trotz der aufkommenden Konkurrenz in den sächsischen, böhmischen und westdeutschen Bädern zunehmend belebte. Doch damit nicht genug. Mit provisorischer Unterkunft in einem Forsthaus und anderen Bürgerhäusern vorliebnehmend, begann sie mit dem Geld, das sie sich nach Mirabeau für ihre Zustimmung zu den morganatischen Ehen ihres Gatten auszahlen ließ, die Stadt nach dem Vorbild der mittlerweile an vielen nord- und westdeutschen Höfen gepflegten englisch-palladianischen Landschaftsgestaltung und Gartenkünste zu verschönen. Das langgestreckte Badetal hinter dem Papenteich wurde von Eschen-, Kastanien-, Pappeln- und Akazien-Alleen durchlichtet, aus der Talsohle führte ein gestampfter Lehmpfad auf die Höhe des seitlichen »Spitzberges« hinauf, wo eine romantische Hütte gut berittene oder beschuhte Badegäste zu besinnlicher Einkehr und Ausblicken in die Weiten des Oderbruchs einlud. Auch die in den Jahren der Not abgeholzten Hänge am Wege zwischen dem Brunnen und der Stadt wurden mit Schlängelwegen und Aussichtsplattformen überzogen und malerischen Baumreihen und Gebüschgruppen bepflanzt. Für sich selbst erwarb sie 1795 den sogenannten Wein- bzw. Apotheker-Berg, auf dem sie inmitten eines kleinen Parks neben einer Meierei einen stattlichen Fachwerkbau mit hölzernem Säulenumgang errichten ließ, der es dem Bade-Publikum und dem Stadtvolk erlaubte, durch die geöffneten Fenstertüren,

in gebotenem Abstand versteht sich, an den von ihr mehrmals in der Woche veranstalteten Konzerten und Opernaufführungen zumeist italienischer Künstler teilzunehmen.

Nach dem Tod ihres Gemahls im September 1797 beschloß sie, im Einvernehmen mit ihrem Sohn König Friedrich Wilhelm III., ihre provisorische Behausung in Freienwalde gegen einen dauerhaften Sommersitz auszutauschen. Mit seinem Bau beauftragte sie einen örtlichen Maurermeister namens Hilke, nicht bedenkend, daß jedes größere Immediat-Bauwerk im Lande von dem bereits erwähnten Königlichen Oberbaudepartement in Berlin geprüft und genehmigt werden mußte. Diesem gefiel das bereits aus seinen Grundmauern herausgewachsene Bauwerk des Maurermeisters offenbar nicht. Jedenfalls übertrug der König die Überarbeitung des Entwurfs und die Oberbauleitung dem Geheimen Oberbaurath David Gilly, der 1792/93 den Landsitz des Oberhofmarschalls Valentin von Masow in Steinhöfel umgebaut hatte und seit dem Jahre 1797 mit der Planung und dem Bau seines eigenen Gutsitzes und des Dorfes Paretz beschäftigt war.

David Gilly (1748-1805). Stich nach einer Zeichnung von Daniel Chodowiecki, 1796 Oben: Sommerwohnung und Pavillon der Königin, um 1795. Nach zeitgenössischem Stich, Verfasser unbekannt

Gilly, als Sohn eines hugenottischen Kaufmanns in Schwedt an der Oder geboren und durch seine langjährigen Tätigkeit als Landbaumeister in Pommern und seine alljährlichen Reisen in den von ihm verwalteten und beplanten Gebieten mit der Gegend bestens vertraut, zögerte nicht den Auftrag anzunehmen. Unter seiner Regie ging der Bau so schnell voran, daß er dem

König bereits im Oktober 1799 melden konnte, daß »der mir aufgetragene Bau eines Sommerpalais' zu Freyenwalde für die Königin Mutter zu allerhöchst derselben Zufriedenheit beendigt ist.« Die Baukosten hätten sich auf 20500 Thaler belaufen und somit die veranschlagte Bausumme nur um 10 Thaler, 19 Groschen und 11 Pfennige überstiegen.[5]

Das Aquarell von unbekannter Hand zeigt das Schloß in Bildmitte als schlichtes, frühklassisches Bauwerk mit vier und fünf Fensterbreiten und zwei in der Höhe kaum voneinander unterschiedenen Geschossen über einem Sockelgeschoß mit horizontaler Putzgliederung als strengen kubischen Corpus dominant in die flach gewellte Landschaft eingebettet. An der Straßenseite zwei vorspringende Eckbalkone, die nur von innen aus zugänglich waren. Sein einziger Schmuck bestand aus dem unterhalb der oberen Fensterreihe umlaufenden, flach skulpturierten Gurtgesims und dem Ziergitter auf dem optisch beschwingt ansteigenden, mit Blech abgedeckten Walmdach – ein Belvedere, das seinen Bewohnern auch von hier aus weite Ausblicke in die umliegende Oderlandschaft ermöglichte. Links neben dem Schloß in erhöhter Lage der Musikpavillon, rechts ein größeres Bauernhaus, in

Sommerschloß der Königin Friederike Luise mit Pavillon links. Aquarell von unbekannter Hand, 1799

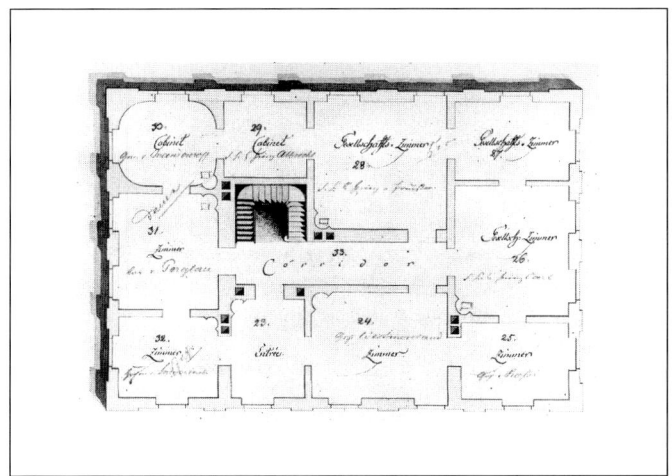

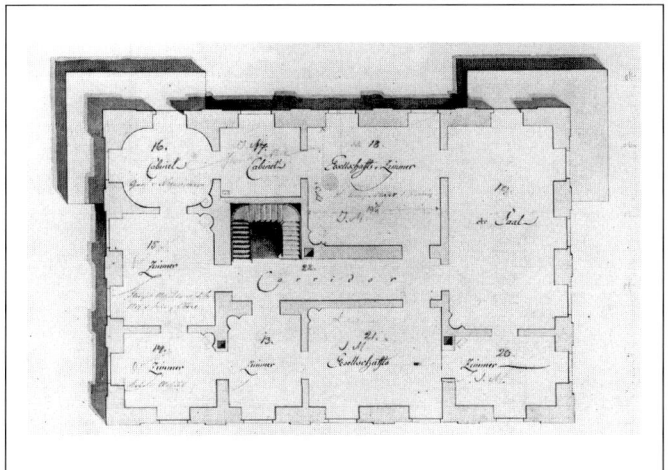

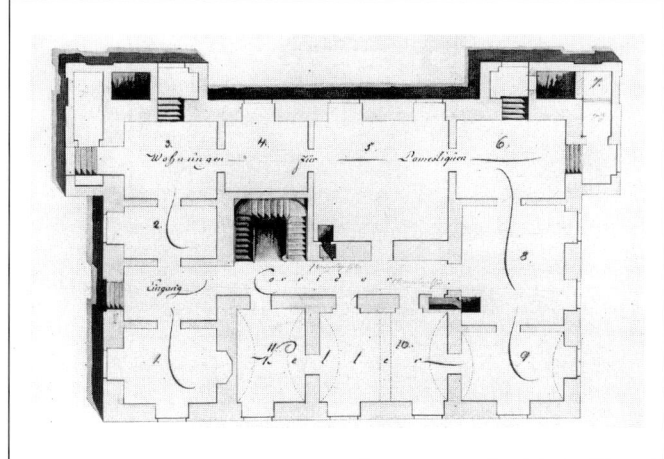

Die Grundrisse des Schlosses.
Von oben nach unten:
Obergeschoß, Erdgeschoß
(Beletage) und Souterrain.
Nachträglich beschriftet

dem auch die Kutschen und Pferde der Königin abgestellt gewesen sein dürften. Hoch auf dem »Berg« eine Borkenhütte, auch hier ein Signum romantischer Innerlichkeit und Fernsehnsucht. In der unteren Bildhälfte, durch einen einfachen Palisadenzaun gegen das Schloßareal abgegrenzt, die »Berliner Straße«, davor eine satte Wiese oder ein Kornfeld, auf dem gearbeitet wird. Seitlich, in Bildtiefe, der Turm der Nikolai-Kirche. Zwischen Schloß und Pavillon, von drei Pappeln nahezu verdeckt, die Wirtschaftsgebäude.

Der Haupteingang in das Schloß erfolgte durch das Souterrain, von dem aus eine Wendeltreppe durch das Erdgeschoß und Obergeschoß bis ins Dachgeschoß hinaufführte. Im Keller gab es ansonsten nur Lagerräume und Zimmer als Unterkünfte für Domestiken. Das leicht erhöhte Erdgeschoß und das Obergeschoß waren konstruktionsbedingt weitgehend identisch. Um einen schmalen Mittelflur reihen sich im Erdgeschoß neun, im Oberschoß zehn hervorragend belichtete, nach klassischem Regelmaß harmonisch gestaltete, von Enfiliaden miteinander verbundene Zimmer unterschiedlicher Größe. Die Verbindung mit dem Garten vermittelte die zweite Fenstertür von links. Bei Bedarf konnten auch die beiden angrenzenden Fenstertüren geöffnet werden. Die nachstehend genauer vorgestellten Empfangs- und Wohnräume der Königin befanden sich im leicht erhöhten Erdgeschoß (Beletage), während das Obergeschoß von ihrer kleinen Hofgesellschaft und Gästen bewohnt wurde. Die Harmonie der Innenräume ergab sich aus dem Zusammenklang der durchgängig weiß gestrichenen Decken, Fenster, Türen, Paneele und übereck gestellten Kamine mit den zartfarbigen, von Künstlerhand bemalten Papiertapeten und den mit farbigen Baumwollstoffen (Kattun) bespannten Wänden sowie dem (bis auf wenige Einzelstücke seit 1945 verschwundenen) Mobiliar, das sich grob zwei Stil-Epochen zuordnen ließ: Die weiß- und silberlackierten Tische, Stühle, Canapés in den Räumen der Königin wiesen ins (berlinische) Empire zurück; die einfacheren, schön gemaserten, lasierten und/oder furnierten Hartholz-Möbel nach englischen Vorbildern (Hepplewhite und Sheraton) ließen die Noblesse des bürgerlichen Biedermeiers vorausahnen.

Vom Leben der Königin in ihrem »Lustschloß mit Landhauscharakter« wissen wir wenig. Nach lokalen Berichten soll sie auch als Schloßherrin den Umgang mit den Honoratioren der Stadt gepflegt und sich für die Verschönerung der Stadt und des Brunnens eingesetzt haben. Nachweislich erwarb sie zwecks Arrondierung des Schloßgartens noch einige angrenzende, kleinere Grundstücke auf dem Bergkamm des Schloßgartens und auf der Höhe des Berggartens, von der aus sich weite Aussichten ins Land und auf das Schloß anboten. Aus Hofkreisen verlautete Jahrzehnte später – von Fontane überliefert –, daß sie des öfteren auch Besuche des Königspaares mit ihren älteren Enkelkindern erhalten habe, unter ihnen der Kronprinz »Fritz«, der sich sogar wochenlang bei der »Großmama« aufgehalten und ausgetobt haben soll: »Er drechselte, spielte und kletterte im Park umher, erschreckte die alten Hofdamen auf ihrem Heimweg vom Schloß durch schattenhaftes Hin- und Herhuschen und Geraschel in den Zweigen und später am Abend durch Klingeln und

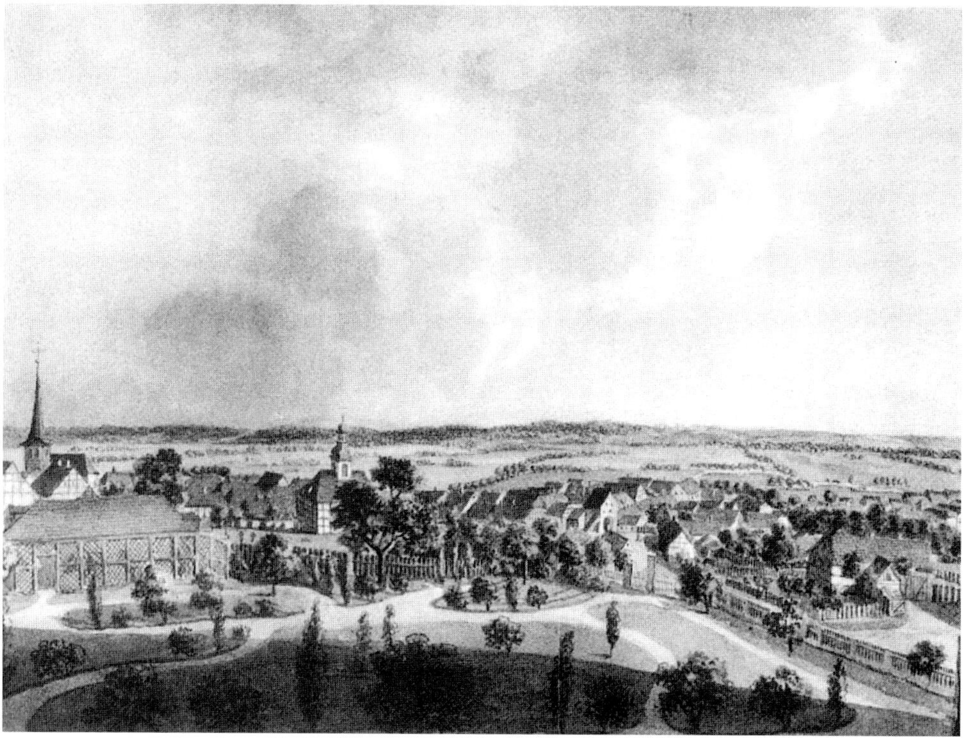

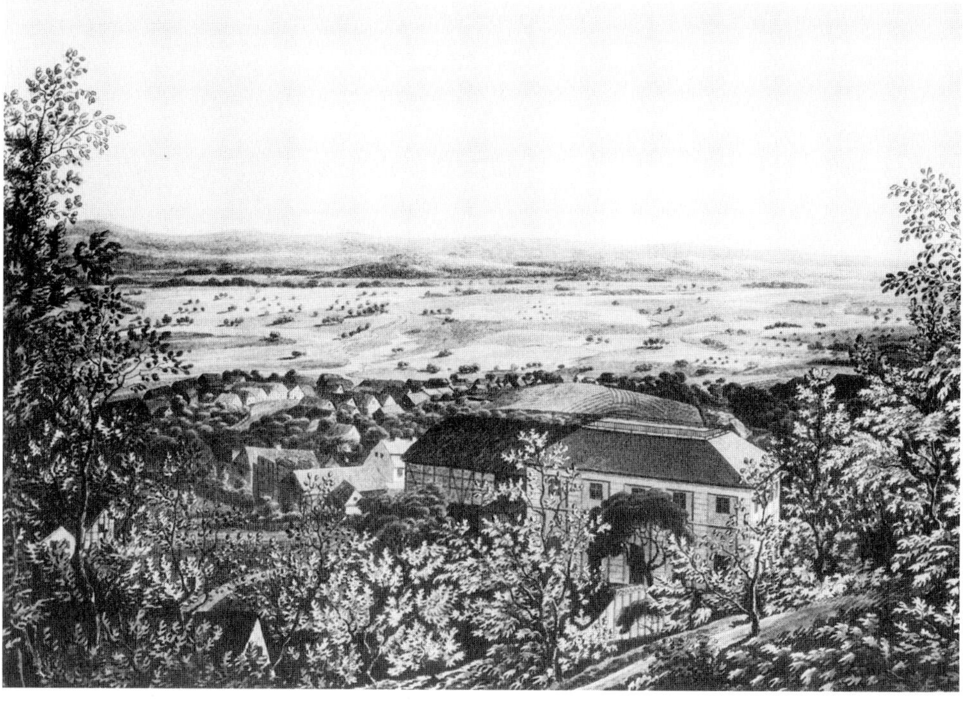

Kratzen an ihrer Haustür.« Überliefert sind Briefe der Königin
Luise, in denen sie auf ihrer Huldigungsreise durch Polen 1798,
auf das Faible ihrer Schwiegermutter eingehend, über Besichti-
gungen von Landschaftsgärten bei Danzig und Warschau berichtete und, 1803, der bereits zitierten Oberhofmeisterin Voß
schrieb: »Bin in Freienwalde gewesen und bin sehr zufrieden
mit meiner Reise. Mama fand ich in dulci jubilo.«[6]

Leider waren der Königin Friederike Luise in ihrem Freienwalder
Schloß nur wenige glückliche Jahre beschieden. Bereits im Januar 1805 starb sie im Alter von nur vierundfünfzig Jahren. Von
dem im Jahr 1806 folgenden Krieg und der napoleonischen Okkupation blieb sie verschont.

Das Schloß im 19. Jahrhundert

Nach der Flucht des Könighauses nach Memel, später Königsberg, stand das Schloß nahezu ein Jahrzehnt lang leer. Im Dezember 1806 durchquerte auf der Reise von Danzig nach Berlin
zwar der durch Heirat mit der Friederiken-Tochter Luise-Wilhelmi-
ne mit dem preußischen Königshaus verschwägerte Kronprinz
von Oranien-Nassau Freienwalde, wohnte jedoch mit seinem er-
krankten sechsjährigen Töchterchen nicht im Schloß, das sich ja
nicht heizen ließ, sondern im Haus des Bürgermeisters. Dort
starb die Kleine und wurde im oberen Schloßpark am Rande des
St. Georg-Friedhofs begraben. Später, 1818, sollte sie einen Grabstein von Schadow erhalten, der uns noch einmal begegnen wird.

Drei Jahre danach – 1809 – kehrte mit Erlaubnis Napoleons »in
schwerer Bedrängnis« die zunächst nach Memel geflüchtete,
später im alten Schloß von Königsberg und einem Sommerhaus
im Dorfe Hufen untergekommene königliche Familie über Freienwalde nach Berlin zurück. Am Abend ihrer Ankunft brachten
Knappen der Alaun-Werke ihr einen Fackelzug und Gesänge dar.
Freienwalder Bürger pflanzten neben der Berggartentür eine Ei-
che, die dort heute noch steht.

Nach Beendigung der napoleonischen Okkupation und der terri-
torialen Neuordnung Osteuropas, durch die Preußen 1815 West-

Grabstätte der Prinzessin
Pauline von Oranien-Nassau.
Grabstein von J.G. Schadow

Abbildungen Seite 26:

Oben:

Blick auf Schloß Freienwalde
und das Oderbruch.

Aquarell (2) um 1820

Unten:

Blick auf die Stadt Freienwalde,
links im Bild das Vogelhaus der
Königin

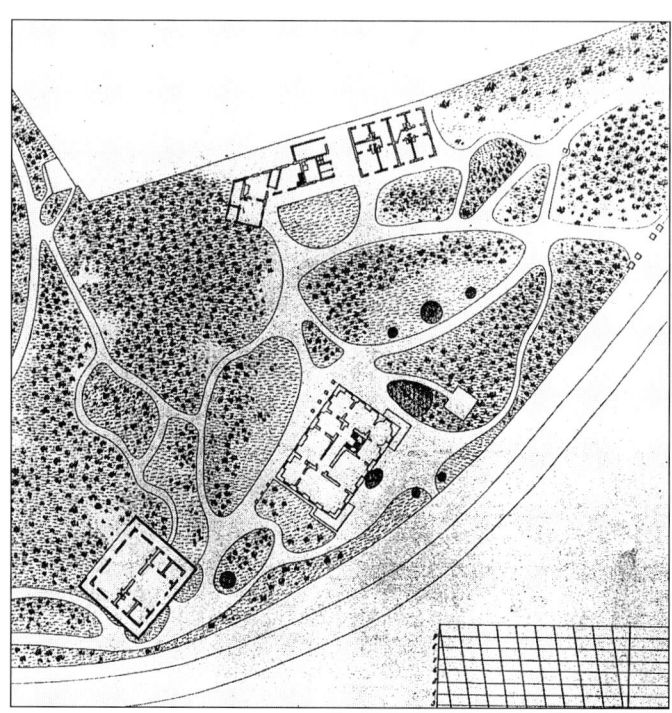

preußen mit Danzig und die Provinz Posen zurückerhielt, kehrten auch in das durch den frühen Tod der Königin Luise (1810) vereinsamte Königshaus Ruhe ein. Ihre Kinder wurden allmählich erwachsen und sollen mit ihrer Freunden und Freundinnen das Schloß von Zeit zu Zeit genutzt haben. 1817 begleitete die Königliche Familie ihre mit dem Großfürsten Nikolaus von Rußland verlobte Tochter Charlotte bis Freienwalde, wo es, wie man annehmen darf, einen tränenreichen Abschied gab. Neues Leben kehrte um 1820 in das Schloß ein, als der mit dem Königshaus verschwägerte Gouverneur der Provinz Posen, der polnische Großfürst Anton Heinrich Radziwill, dort mehrere Sommer lang seine von romantischen Spaziergängen, Ritten und Wanderungen, Dichterlesungen, Musik und Tanz erfüllten Sommerferien verbrachte, zu denen sich, wann immer möglich, auch die königlichen Prinzen aus ihren Garnisonen einfanden. Während eines dieser glücklichen Tage soll sich der zweite Thronanwärter, Prinz Wilhelm, in die schöne Eliza Radziwill verliebt haben, die er jedoch nach jahrelangem Hin und Her aus standesrechtlichen Gründen nicht heiraten durfte. 1834 kehrte Elisa, unheilbar an Schwindsucht erkrankt, in das Schloß ihrer unerfüllten Liebe

zurück, wo sie nach wenigen Wochen nach Ansicht der »Garten-
laube« und anderer Herz-Schmerz-Blätter an »gebrochenem
Herzen« starb und, »in ein Meer von Blumen gebettet«, solange
aufgebahrt blieb, bis die wegen eines Staatsbesuches des russischen Zaren aufgehaltenen Vertreter des Königshauses, unter
ihnen der unglückliche Liebhaber, der spätere erste deutsche
Kaiser, erschienen, um sich von der Verstorbenen zu verabschie-
den. Anschließend wurde sie in die Grablege der Radziwills nach
Antonin (bei Posen) überführt.

In diesen Jahren dürfte das Schloß renoviert und auch neu fassa-
diert worden sein. Der Stich nach einem Aquarell von Carl Blechen
zeigt: das horizontale Gurtband wird von senkrechten Pilastern
überspannt, die Beletage erscheint durch die höhere Fensterda-
chung (optisch) erhöht. Die »Berliner Straße« mit bequemem
Fußweg führt nach wie vor dicht am Schloß vorbei. Ähnlich der
Lageplan nach Peter Joseph Lenné. Auch er betont die Anbin-
dung des Schlosses an die Straße und die immer noch modi-
schen Schlängelwege im Garten mit betonten Aussichtsplattformen. Von der noch von der Königin verbreiterten Kammhöhe

Berliner Straße in Freienwalde,
mit Eckansicht des
neufassadierten Schlosses.
Stich nach Zeichnung von
Carl Blechen, um 1820

des Berggartens herab hatte man eine gute Sicht auf das Schloß und – über die Stadt und das Oderbruch hinweg – auf die sanft geschwungene Hügelkette der Neumark.

1830 blieb das reformierte Preußen von den Auswirkungen der französischen und westdeutschen Juli-Unruhen verschont, nicht jedoch von der aus Rußland über Polen bis an die Spree übergreifenden Cholera-Epidemie, an der in Berlin neben einigen tausend Einwohnern, dem letzten großen idealistischen Philosophen Georg Friedrich Wilhelm Hegel auch der glorreiche General der letzten Schlacht gegen Napoleon (1815), August Graf Neidhardt von Gneisenau, verstarben. Möglicherweise war es Melancholie, möglicherweise aber auch eine simple haushälterische Maßnahme, die den alternden Hypochondriker auf dem Thron veranlaßte, der Stadt Freienwalde für einhundertfünfzigtausend Taler den »Gesundbrunnen« zu verkaufen. Sie nahm ihn mit Vergnügen und baute ihn im Vertrauen auf den Fortschritt der Medizin, den Wohlstand und die durchschnittlich längere Lebensdauer der bürgerlichen Schichten zu einem »Volksbad« aus, in dem ab 1840 neben den herkömmlichen Trink- und Badekuren auch Moor- und Eisenbäder nebst balneologischen Behandlungen und alsbald auch kulinarische Genüsse und Kurkonzerte angeboten wurden.

Im gleichen Jahr scheint sich der frisch inthronisierte König Friedrich Wilhelm IV. an das nahezu vergessene Freienwalder Schloß erinnert zu haben. Jedenfalls meldete der Kastellan Gette nach Berlin, daß drei Räume neu tapeziert worden seien, darunter – besonders gelungen – das Sterbezimmer der Prinzessin Elisa Radziwill. Zugleich ließ der König jenseits der »Berliner Straße« einen Bauernhof und mehrere Gärten aufkaufen. Dadurch erhielt das Schloß einen zweiten, zur Oder hin abflachenden Garten. Dies erklärt bis zu einem gewissen Grade die königliche Planskizze, auf der sich der alte Gilly-Bau mit quadrierter Mitte und geräumigen Anbauten und Gartenhöfen im Stile der florentinischen Renaissance wiederfindet (oder auch nicht). Dieser Plan blieb wie so viele Architekturträume des »romantischen Königs« infolge der 48er Revolution »Papierarchitektur«. 1849, dem Jahr, in dem Tausende desillusionierter Aufständischer und Demokraten das Land verließen und der Rest der Rebellen in der

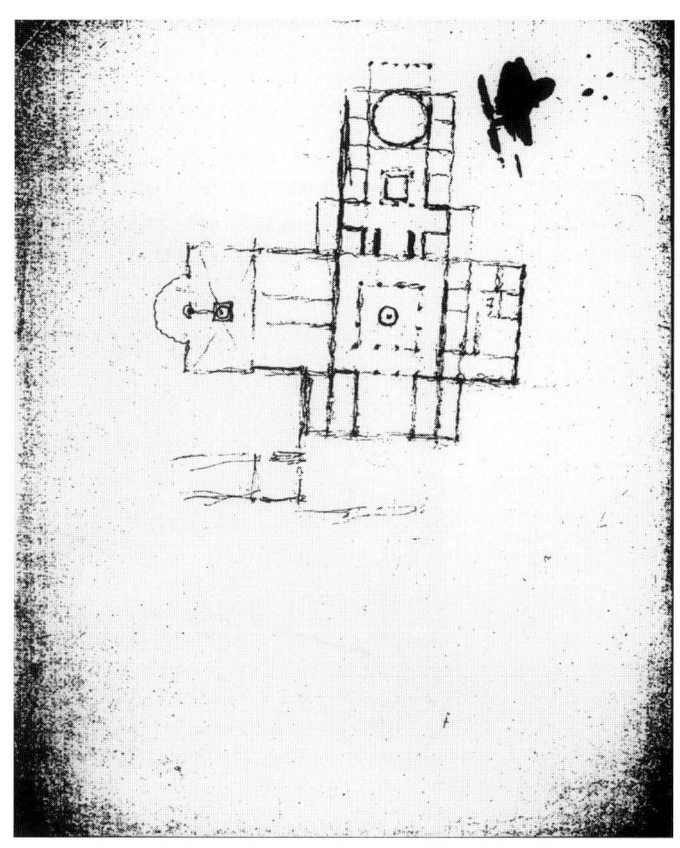

Pfalz von dem »Kartätschen-Prinzen« Wilhelm exekutiert wurde,
diente das Schloß eine Zeit lang dem während der Paulskirchen-
Debatten den königstreuen Flügel anführenden ungarischen Ari-
stokraten Joseph Maria Ernst v. Radowitz als Unterkunft; gefolgt
von einer von dem Landgrafen Alexis von Hessen-Philippsthal geschiedenen Tochter des in Schloß Glienicke residierenden Prinzen
Carl namens Louise. Sie soll sich vor allem als Sponsorin eines
nach ihr benannten Wohltätigkeitsvereins in der Stadt beliebt gemacht und angeblich auch die Verlegung der »Berliner Straße«
angeregt haben.

Als Theodor Fontane 1863 zur Pflaumenzeit nach Freienwalde
kam, um das zweite Kapitel seiner Geschichten aus dem Oderland in Angriff zu nehmen, empfing die legendäre »Drei-Schlös-
serstadt« ihn gleich nach Verlassen der Postkutsche mit enttäu-
schender Betriebsamkeit. »Freienwalde«, so seine Einführung in
den folgenden Bericht, »ist ein Badeort, eine Fremdenstadt und

Friedrich Wilhelm IV.
Planskizze des Schlosses

trägt das auf Schritt und Tritt zur Schau.« Aber was ihm ein ganz eigentümliches Gepräge gebe, sei, daß alle Fremden, die sich hier zusammenfänden, eigentlich keine Fremden, sondern märkische Nachbarn aus nächster Nähe seien. Dadurch sei auch der Charakter des Bades vorgeschrieben: »Es ist ein märkisches Bad und zeigt als solches in allem jene Leichtbegnüglichkeit, die noch immer einen Grundzug unseres märkischen Wesens bildet.« Der breite Stempel, den echte und unechte Engländer anderen Badeorten aufdrückten, fehle hier völlig. Daher immer vaterländische Semmel und Kaffee auf dem Frühstückstisch statt Muffins und englisches Breakfast, bequeme Shawls anstelle eleganter Mantillen, alle Jahre eine neue Rüsche am Hut (der Damen) und auf dem Anti-Makassar-Stuhl in der Halle zwölf Jahre alte Neuerscheinungen aus der Leihbücherei. Und, so Fontane weiter, »wie die Leute, so die eigentliche Stadt, ihre Schönheit ist mäßig, ihr Reiz liegt draußen in den Bergen. Diesen Bergen verdankt sie alles, was sie ist: von dort kommen die Quellen und von dort aus gehen die Fernsichten ins Land hinaus.«[7]

Vor der Besichtigung des Gilly-Schlosses unternahm er zunächst einige Streifzüge durch die angrenzenden Täler und zu den Ruinen der mittelalterlichen Adelssitze. Auf dem Wege dorthin befragte er seinen Kutscher, was er von ihnen wisse und stellte fest, daß es einen Unterschied gab zwischen dem, was sich die Leute erzählten, und der in voluminösen Bänden und Handbüchern festgeschriebenen »Wahrheit« der Historiker, die nur wissen und gelten lassen wollten, was wirklich gewesen war. Wahrheit und Lüge, sollte später der alte Briest sagen: »... ein weites Feld.«

Als er sich dann an einem sonnigen Nachmittag endlich dem Schloß näherte, das, wie er überzeugt war, viel stilles Leid ertragen mußte, »umso tiefer vielleicht, je stiller es ertragen wurde«, war er angenehm überrascht, daß es »unter Laub und Blumen gelegen, aus denen überall die gelben Wände hervorleuchten, einen durchaus heiteren Eindruck« machte. Und wie sein Äußeres, so sein Inneres: »Statt des etwas nüchternen Stils der Außenseite begegnen wir Anklängen an die viel verurteilte Rokokozeit. Chinesische Zimmer und Paradiesvogelzimmer wechseln einander ab. Dazwischen Rosenstrauch-Tapeten und bunt

bedruckte Kattune und zerstreut herumstehend alte Erinne-
rungsstücke, oft mehr absonderlich als schön.« Das, so sein
nicht eben tiefgründiger Befund, sei »zugleich ein Mangel und
ein Vorzug ... Die Hohenzollern waren (eben) nicht immer ästhe-
tisch-feinfühlig, aber sie waren jederzeit human.«

Auf der Suche nach zumindest einem originellen »Erinnerungs-
stück« – an den kessen Fritz – steigt er mit seinem Begleiter in
das Kellergeschoß hinab und findet unter Flachsbündeln und
Stroh versteckt eine alte Drehorgel mit »... ein Mädchen oder
Weibchen wünscht Papageno sich« in das Laufband eingeritzt.
»Wir«, so Fontane weiter »legen die Kurbel an und beginnen zu
drehen. Aber die Harmonie ist hin. Die Töne springen nicht mehr
elastisch vom Lager auf; lahm, gebrochen, verstimmt ziehen sie
langsam durch die Luft und hallen düster und unheimlich von
der Kellerwand zurück. Schloß Freienwalde ist jetzt unbewohnt.«

Dann, bei der Niederschrift seines Reports, scheint er sich an
die Erzählungen der Leute und die Erwartungen seiner Leser erinnert zu haben und fügt hinzu: »Doch von Zeit zu Zeit hat es
noch Gäste. Und Laune und Zufall gefallen sich darin, die som-
merliche Villa zu einem winterlichen Jagdschloß zu machen. Im
Dezember, bei grauem Himmel, wenn Weg und Steg unter
fußhohem Schnee liegen, dann wird es lebendig hier. Aber nur
auf Stunden. Dann, um Mitternacht, unter Peitschenknall und
Schellengeläut jagen Schlitten durch die Straßen der tiefstillen
Stadt. Den Berg hinauf, bis vor das verschneite Schloß. Fackeln
und Windlichter werfen ihren Schein auf die aussteigenden Gäste, hohe heitere Gestalten, die den Schnee von ihren Pelzen
schütteln. Sie treten auf wie solche, die hier zuhause sind. Diener mit Taschen und Jagdgerät, mit Büchsensäcken von rotem
Juchtenleder, fliegen treppauf. Alle Fenster werden hell. Hinter
den herabgelassenen Rouleaus bewegen sich einzelne Schatten. Dann wieder wird es stiller und nur von Zimmer zu Zimmer
knarrt noch der Ton, womit ein müder Fuß aus dem Stiefel fährt.
Noch ein kurzer Befehl, eine ›gute Nacht‹, und alle Lichter lö-
schen aus. Und eh der Tag graut, ist das Schloß wieder leer. Nur
halb verwehte Schlittengeleise und lange Streifen, die die Spitze der Parforcepeitsche durch den Schnee zog, zeigen noch den
Weg, den die Gäste auf ihrer Weiterfahrt genommen und – das

Schloß liegt stiller da wie zuvor und alles, was kam und ging, war wie ein Traum.«[8]

Und verschwand langsam aus dem Blickfeld des Königshauses. 1866 erhielt Freienwalde Anschluß an die Eisenbahn. 1870 beschlossen die Stadtväter im Einvernehmen mit dem Königlichen Oberhofmarschall Hermann Graf Pückler, Freiherr von Grodlitz, der 1861 zusammen mit dem Architekten August Stüler die Krönung Wilhelm I. in Königsberg organisiert und inszeniert hatte, die nach wie vor dicht am Schloß vorbeiführende »Berliner Straße« in großem Bogen südöstlich um es herumzuführen. Dadurch gewann das wachsende Verkehrsaufkommen einen besseren Anschluß an den Bahnhof, die Stadt neue Baugrundstücke und einen kürzeren Weg in ihre Badestadt und das Schloß neben der Befreiung vom Verkehrslärm ein geschlossenes Gartenareal, dessen östlicher Teil nach Renaissance-Vorbild terrassiert wurde. Auf der geräumigen, angewallten Terrasse vor dem Souterrain kam – niemand weiß genau, wann und von wem – auf einem gußeisernen Ofen der römische Kaiser Hadrian und sein Genius aus der spät-hellenistischen Ildefonso-Gruppe zu stehen; ein früher Guß der Lauchhammer'schen Eisenwerke nach dem Original im Prado in Madrid. Er blieb erhalten und soll nach der Sanierung des Schlosses und der Neuanlage des Gartens an seinen alten Standort zurückkehren.

En passant erwarb der umsichtige Sachwalter der Krone aus deren Besitz am Rande des in »Schloßstraße« umbenannten Rests der alten »Berliner Straße« ein Grundstück, auf dem er seinen Alters-Ruhesitz errichtete, der später in ein Kinderheim umgewandelt und durch einen Anbau erweitert wurde, der dem Schloß zu ebener Erde den größten Teil seiner Fernsicht in das Oderbruch nahm. Zugleich erhielt er im Berggarten des Schlosses, neben der Paulinen-Grabstätte, einen Begräbnisplatz, der nach dem Verkauf des Schlosses an Rathenau grundbuchlich dem Friedhof des St. Georg-Hospitals zugeschrieben wurde.

Einer der letzten königlichen Besucher des Schlosses war der mit der ältesten Tochter der englischen Königin Victoria verheiratete Kronprinz Friedrich Wilhelm, der spätere Neunundneunzig-Tage-Kaiser Friedrich III. Zusammen mit seinem Sohn Prinz Heinrich nahm er am Fenster des Schlosses stehend, dem Walther Rathenau später einen kleinen hoheitlichen Balkon applizieren ließ, an einem Festspiel zum zweihundertjährigen Bestehen des Gesundbrunnens auf der Schloßterrasse teil.

In den folgenden Jahrzehnten entdeckten nach den Märkern mehr und mehr Berliner die Badeanlagen, die frische Oderluft und die Ausflugslokale in den Tälern des Barnim. Um 1900 war Freienwalde der mit Abstand beliebteste Badeort in der näheren Umgebung der Reichshauptstadt. Eine seiner gern vorgezeigten Sehenswürdigkeiten war das Schloß, das per Postkarte in alle Welt verschickt wurde. Rodler und Skiläufer entdeckten die »märkische Schweiz« und trugen auf ihre Weise zur Attraktivität der Stadt bei. Die Freienwalder stellten sich auf den anschwellenden Fremdenverkehr ein. Es gab private Übernachtungen, Heime, Pensionen, Hotels, Gastwirtschaften, Weinstuben und Läden jeder Art und Güteklasse, zwei evangelische und eine katholische Kirche, auch eine Synagoge nebst zugehörigem Friedhof. Freienwalde wurde eine reiche, auf ihre Vergangenheit und Gegenwart stolze Stadt; was nicht zuletzt dem lebendigen Vereinswesen und den vielfältigen kulturellen und kulturgeschichtlichen Interessen namhafter Bürger zu danken war. Ihr prominentester war Theobald von Bethmann-Hollweg (1856-1921), der – auf dem ehemaligen Rittergut Hohenfinow ansässig – 1889 das heutige Oderland-Museum gründete, zehn Jahre lang als Landrat des Kreises Oberbarnim wirkte, bis er 1899 zum Oberpräsidenten von Brandenburg, 1905 zum preußischen Innenminister aufstieg und im Juli 1909 als Nachfolger des Fürsten Bernhard von Bülow deutscher Reichskanzler wurde.

Ende August dieses Jahres saß in seiner Fünf-Zimmer-Wohnung in der Victoriastraße 3 in Berlin S.W. ein Troubadour an seinem Schreibtisch und schrieb, seine leeren, wesenlosen Tage beklagend, einen Brief an seine Dame, deren letzte Post ihn noch trauriger gestimmt habe als ihm nach einem »ungenutzten Sommer« ohnehin zumute sei. Auch die Lieder, die sie für ihn abgeschrieben habe, seien bedrückend und traurig, wiewohl »schön, zart und weich wie alles Gute in der Kunst empfindsamer Juden«. Vor »solch milden und warmen Gebilden« käme er sich vor »wie ein wüster Urzeitmensch, dessen Hände zerreißen und zerbrechen, nicht fügen und flechten ...« Nur in sichtbaren Dingen gelänge ihm manchmal vielleicht etwas Feineres. So habe er alle seine Abende damit verbracht, mit Stift und Papier sein Haus zu bauen. Sechs Entwürfe habe er bereits gemacht, drei oder vier andere wolle er noch machen und ihr das Ganze dann zeigen. Nur: »... dies ganze Schaffen kommt mir unbefriedigend vor. Es ist zu leicht und ohne tiefere Verantwortung, fast Frauenarbeit.« Der Brief endete mit der seiner Empfängerin bereits ver-

Innenansicht der Wohnung

in der Victoriastaße 3.

Pastell Walther Rathenau, 1905

trauten Elegie über ihrer beider Leiden an ihrer Unfreiheit, die es ihnen nur erlaube, »einander zu umkreisen und dann und wann planetenhaft anzublitzen ...«[9] Von einem Schloß, gar einem königlichen Schloß, in diesem Brief und anderen zeitnahen Quellen kein Wort, keine Spur. Doch wenige Tage später, am 16. September 1909, saß der traurige Briefschreiber im Königlichen Hausministerium in der Berliner Wilhelmstraße 73 und unterzeichnete einen Vertrag, demzufolge das »Königliche Schloß Freienwalde« mitsamt Park, Nebengebäuden und Inventar für 662 500 Mark in den Besitz des Kaufmanns Dr. Walther Rathenau überging. Wer war dieser Kaufmann Dr. Walther Rathenau? Und was veranlaßte ihn, sich ausgerechnet zu diesem Zeitpunkt neben seinem Stadthaus auch noch ein Schloß zuzulegen?

Walther Rathenau Selbstporträt. Pastell 1909

Oben: Lili Deutsch, Ehefrau von Felix Deutsch, Foto 1908

ZUR BIOGRAPHIE
WALTHER RATHENAUS

»Ich brauche ein langes Leben,
um alle Rollen zu spielen, die mir
vorgeschrieben sind.«
Walther Rathenau, 1890.
Gemälde von H. A. Zierngiebl,
Öl auf Holz

Herkunft und Jugendzeit

Als Sohn des Fabrikanten Emil Rathenau (1838-1915) und dessen sieben Jahre jüngerer Ehefrau Mathilde, geborene Nachmann 1867 in Berlin geboren, wuchs Walther Rathenau in einer Zeit auf, in der den seit 1812 emanzipierten preußischen Juden durch die 1871 vom Kaiserreich übernommene Verfassung des »Norddeutschen Bundes« die volle staatsbürgerliche Gleichberechtigung einschließlich der Bekenntnis- und Kultusfreiheit zuerkannt wurde. Sein Vater war ein Enkel des legendären Kaufmanns Joseph Liebermann, der, in den zwanziger Jahren des 19. Jahrhunderts aus der westpreußischen Kleinstadt Märkisch-Friedland nach Berlin zugezogen, zusammen mit seinen Söhnen Benjamin und Louis mit der Produktion und dem Export preiswerter, maschinell bedruckter farbiger Baumwollstoffe und dem Ankauf zweier überalterter, konsequent modernisierter und rationalisierter Eisenhüttenwerke in Schlesien binnen weniger Jahrzehnte ein beträchtliches Vermögen erwarb und als einer der ersten mit dem Geheimrats-Titel ausgezeichneten preußischen Juden bis zu seinem Tode (1860) hohes Ansehen genoß. 1838 auf der Kurpromenade in Bad Teplitz dem König Friedrich Wilhelm III. vorgestellt und von diesem befragt: »Welcher Liebermann?«, soll er geantwortet haben: »Ich bin der Liebermann, der die Engländer vom Kontinent vertrieben hat«, um erst auf den erstaunten Blick der königlichen Begleiter hinzuzufügen »... in Kattun«. Dieser Joseph Liebermann hatte drei Töchter und sieben Söhne, von denen zwei Medizin studierten, einer – der Urgroßvater des Komponisten und Dirigenten Rolf Liebermann – in einen Gutsbesitz in Mecklenburg einheiratete, ein anderer sich vom österreichischen Kaiser adeln und für sich und seine Familie in Berlin-Tiergarten eine dreiflügelige Renaissance-Villa mit einer zweistöckigen Bildergalerie bauen ließ, in der neben diversen heute unbekannten Arbeiten auch einige Böklins und das von ihm in Auftrag gegebene »Eisenwalzwerk« von Adolf Menzel zu besichtigen war, das nach einem Besuch des Kronprinzenpaares in den Besitz der Berliner Nationalgalerie überging. Zwei seiner Töchter heirateten mit ansehnlichen Mitgiften in die Textil- und Kaufhaus-Dynastien Reichenheim und Gerson ein. Seine älteste Tochter Therese heiratete 1836 den uckermärkischen Kornhändler Moritz Rathenau, der in der gesamt-

wirtschaftlich gesehen rückläufigen Landwirtschaft als Geschäftsmann weniger erfolgreich war, sodaß sein eigensinniger Sohn Emil, bevor er sein Ingenieurstudium an den polytechnischen Hochschulen in Hannover und Zürich beginnen konnte, erst einmal vier Jahre lang »als Proletarier in blauer Bluse mit zerschundenen Händen« in der Wilhelmshütte seines Onkels Benjamin Liebermann schuften mußte.[10] Nach seinem Studium und halbjähriger Tätigkeit als schlecht bezahlter technischer Zeichner in der Borsig'schen Eisenbahnfabrik arbeitete er zwei Jahre lang in englischen Maschinen-Fabriken und verdiente soviel Geld, daß er sich 1865 zusammen mit einem Freund in der Berliner Chaussee-Straße in der Nähe der Borsig-Werke eine Fabrik im Hinterhof eines ehemaligen Ausflugslokals namens »Bella Vista« kaufen konnte, die sein Sohn Walther in seiner späten »Apologie«, 1919, so beschrieb: »Hinter dem Hause,

Emil Rathenau und Frau Mathilde Rathenau, geb. Nachmann. Foto, 1866

längs des Kirchhofs lag zwischen alten Bäumen die Werkstatt, die kleine Montagehalle, die Giesserei und die dröhnende Kesselschmiede. Das war die Fabrik meines Vaters und seines Freundes, und die Arbeiter und Meister vom berühmten Schlage der alten Berliner Maschinenbauer waren freundlich zu dem kleinen Jungen, der sich unter ihnen herumtrieb, und erklärten ihm manches Werkzeug und Werkstück.«[11] So ungefähr durchlebte er zusammen mit seinem vier Jahre jüngeren, mit einem rheumatischen Leiden auf die Welt gekommenen Bruder Erich – seine Schwester Edith wurde erst dreizehn Jahre später geboren – seine Kinderjahre. Dank des von den französischen Reparationszahlungen angeheizten wirtschaftlichen Booms war das Unternehmen derart erfolgreich, daß es auf Betreiben einer Bank in eine Aktien-Gesellschaft umgewandelt wurde, aus der sich die beiden Inhaber ihre Anteile in Höhe von je neunhunderttausend Goldmark auszahlen ließen, bevor es 1873 in Konkurs ging.

Theoretisch hätte Emil Rathenau mit diesem Geld sein Leben als wohlhabender Rentier beschließen können. Aber das war nicht sein Lebenssinn und Ziel. Acht Jahre lang suchte er durch unablässiges Studium der Fachliteratur und Besuche in- und ausländischer Messen, darunter die Weltausstellungen in Wien, Philadelphia, Chicago und Paris, nach einem Produkt, genauer einer Branche, die geeignet schien, einen neuen Anfang zu wagen. Er fand sie 1881 in Paris in Gestalt der Edison'schen Glühbirne, erwarb ihre europäischen Patent-Rechte, begründete 1882 auf Aktien-Basis die »Edinson'sche Elektricitäts-Studien-Gesellschaft«, die er 1884 in die »Berliner Elektrizitäts-Gesellschaft (BEG)« und 1887 in die »Allgemeine Elektrizitäts-Gesellschaft (AEG)« umwandelte.

Für seine in einem reichen Frankfurter Bankiers-Haushalt mit livrierten Dienern und Equipagen, Konzert-, Opern- und Theaterbesuchen und einem abwechslungsreichen gesellschaftlichen Leben aufgewachsene, auf ihren jüdischen (sephardischen) Glauben stolze, künstlerisch interessierte Frau war das durch den Selbstmord ihres Vaters (nach einer mißlungenen Börsenspekulation) zusätzlich beschwerte Leben an seiner Seite sicher nicht einfach. Sie meisterte es, indem sie nach den Erinnerungen ih-

rer Enkelin Ursula von Mangoldt »alle Wärme und Liebe, aber
auch ihren Stolz auf ihre beiden Söhne übertrug, die ihr erset-
zen sollten, was das Leben ihr vorenthielt.«[12] Mit ihrem kranken
Sohn verbrachte sie des öfteren ausgedehnte Kuraufenthalte in
Bad Homburg und Nauheim. Ihren von ihr vergötterten, hochbe-
gabten, hochsensiblen ohne Nestwärme aufwachsenden Erstge-
borenen vereinnahmte sie auf eine Weise, der er sich offenbar
schwer entziehen konnte. Sehr früh weihte sie ihn brieflich – z.T.
an seinem Vater vorbei – in ihre Sorgen um den kranken Bruder
und ihre Schwierigkeiten mit ihrem Mann ein, indem sie von ihm
Auskünfte über ihn verlangte, sie auch erhielt, verbunden mit
altklugen Ratschlägen für die Gesundung und Erziehung des
Bruders und ihr Verhalten gegenüber ihrem Ehemann.

Wann und wo der junge Walther eingeschult wurde, wissen wir
nicht. Das Gymnasium besuchte er zunächst in Frankfurt. Zur

Mathilde Rathenau
mit ihrem Sohn Walther.
Foto privat

Barmizwa, für die er einige Brocken Hebräisch lernte, kehrte er offenbar nach Berlin zurück und besuchte fortan das elitäre Kgl. Wilhelms-Gymnasium, dessen Schüler sich zu je einem Drittel aus Sprößlingen des märkischen Adels, der hohen, größtenteils ebenfalls aristokratischen Beamtenschaft und reicher jüdischer Bankiers und Industrieller zusammensetzte. An den Gymnasiasten erinnerte sich glaubwürdig sein zeitweiliger Klassenkamerad, der Kultur-Soziologe Max Dessoir: »Seine ungewöhnliche Begabung trat früh hervor. Trotzdem saß er bis zur Secunda nie unter den ersten, denn er behandelte die Schule als etwas höchst Nebensächliches. Da, eines Tages, sagte bei der Rückgabe der deutschen Aufsätze der Klassenlehrer zu ihm: ›Ihr Aufsatz, Rathenau, ist guter Durchschnitt und erhält das Prädikat *Befriedigend*. Aber sie hätten eine Arbeit liefern können, für die ein *Vorzüglich* am Platze gewesen wäre, wenn Sie sich nur ein wenig Mühe gegeben hätten. Es wäre Ihre Pflicht, zu leisten, wozu Ihnen von Gott die Fähigkeiten verliehen worden sind, und ich sollte Ihnen von Rechtswegen zwei Stunden Arrest zudiktieren.‹ Die Ansprache rief in dem Knaben eine Umwälzung hervor: aus dem Saulus wurde ein Paulus. Hatte er vorher die Schule als ein

Innenansicht des Cafés Bauer an der Friedrichstraße, Stich 1884

Handelshaus betrachtet, dem man Waren abnahm ... so fühlte er jetzt etwas Neues, nämlich das sittliche Gebot, zu lernen und zu leisten. Hiermit begann ein innerer und äußerer Aufstieg, der mit geringen Unterbrechungen bis zum Tode anhielt; zugleich jedoch das Wachsen eines Selbstwertgefühls, das bei aller Klugheit nicht immer dicht genug verschleiert wurde.«[13]

Der Schüler Walther Rathenau zählte fünfzehn Lenze, als sein Vater mit Erlaubnis der Berliner-Stadtverordneten-Versammlung – zehn Jahre, nachdem die Firma Siemens einen Teil der Leipziger Straße mit ihrem weißen (Gas)-Bogenlicht erhellt hatte – die Kreuzung Friedrichstraße/Unter den Linden und das legendäre, von Anton von Werner mit lustvollen, altrömischen Badeszenen ausgemalte Café Bauer mit dem warmen gelben Licht der Edison'schen Glühbirnen »erleuchtete« und zu TH-Professor Adolf Slaby, der die sie bedienende Kraftmaschine in einem nahegelegenen Keller bewunderte, die goldenen Worte sprach: »Sie verkennen den unersättlichen Elektrizitätshunger der Menschheit, der in wenigen Jahren sich einstellen wird ... Ich sehe hohe, luftige Riesenhallen mit vieltausendpferdigen Maschinen, die automatisch und geräuschlos Millionenstädte mit Licht und Kraft versorgen.«[14] Emil Rathenau war kein Phantast. Kurz vor dem Ersten Weltkrieg führte die AEG zusammen mit Siemens und der amerikanischen General Electric Comp. die Weltspitze der Elektro-Konzerne an.

Studium und berufliche Anfänge

Nach glücklich bestandenem Abitur mit siebzehn Jahren vor die Wahl gestellt, entweder einen freien Beruf zu ergreifen oder aber, wie der Vater, in die »Industrie« zu gehen, wählte er den Eselspfad der Vernunft. Er studierte Mathematik, Physik, Chemie und National-Ökonomie zunächst an der Berliner Friedrich-Wilhelm-Universität, anschließend an der vom Reich hochdotierten Kaiser-Wilhelm-Universität Straßburg. Dort nahm er unter der Leitung des Experimentalphysikers August Kundt seine Vorlesungen und Übungen im Labor – in Briefen an den Vater detailliert aufgelistet – gewissenhaft wahr. Zugleich nutzte er, dem Bannkreis der schwierigen Familie entkommen, seine studentische Freiheit. Mit seinem Freund Heinrich Rubens, dem späteren Direktor des

Walther Rathenau, Schüler am Kgl. Wilhelms-Gymnasium in Berlin und Abiturient, 1885

Physikalischen Instituts der Universität Berlin, bezog er eine komfortable Studentenwohnung im universitätsnahen Neubauviertel und schickte seiner Mutter, anstelle der von ihr verlangten ausführlichen Berichte, aquarellierte Teilansichten seines Ambientes, die sie derart erfreuten, daß sie ihm heimlich Geld für weitere Farbenkäufe zuschickte. Mit Rubens, der in Frankfurt zuhause war, durchwanderte er die nahegelegenen rheinischen Städte und die Vogesen bis weit nach Frankreich hinein, portraitierte sich, mal mit der Schlafkappe, ein andermal mit Schiebermütze auf dem Kopf. Schrieb frei nach Strindberg ein Melodram über eine perverse Doppelehe, das er drucken ließ, dem Frankfurter Schauspielhaus zur Aufführung anbot und nach abschlägigem Bescheid gemeinsam mit Rubens einem lustvollen Autodafé im Stubenofen unterwarf. In einer Kneipe überstand er zusammen mit seinen jüdischen Trinkgenossen eine der Mutter ausführlich geschilderte antisemitische Rüpelei eines Chorstudenten ohne seelische Blessur, bespöttelte gelegentlich den Übereifer der jüdisch-galizischen Assistenten »im Kundt'schen Kinderlabor« und den »verschwenderischen Umgang der Professoren mit den Semestern der Studierenden«,

Innenansicht der
Studentenwohnung in Straßburg.
Aquarell Walther Rathenau

beriet – frei nach Nietzsche – ohne eigene Lust am Weibe seinen in der Garnison dienstleistenden und über eine möglichst reiche Partie nachdenkenden Vetter Willy Liebermann von Wahlendorf sachverständig über seine Chancen auf dem christlichen und jüdischen Heiratsmarkt. Er begann und verwarf zwei Doktorarbeiten und kehrte mit einer dritten zum Sommersemester 1889 an die Friedrich Wilhelm Universität nach Berlin zurück, wo er, mittlerweile zweiundzwanzig Jahre alt, sein »Rigorosum« »rite« und mit einer Arbeit über »Die Absorption des Lichts in Metallen« bei dem hochangesehenen Physiker Hermann von Helmholtz und Wilhelm Dilthey als philosophischen Co-Referenten »cum laude« seinen Doktor machte – kurz bevor am nahen Lustgarten die alte Boumann-Schinkel-Kirche für den Neubau des Deutschen Doms gesprengt wurde, mit dem Kaiser Wilhelm II. die Barockisierung der bis dato noch von der Noblesse und Maßstäblichkeit Schinkels geprägten Berliner Innenstadt einleitete.

Selbstbildnis Walther Rathenau.
Aquarell auf Papier
Oben:
Selbstbildnis mit Schiebermütze.
Zeichnung 1888

Mit seinem Doktor-Hut konnte er beruflich nichts Besonderes anfangen. Er diente ihm, wie er seinem Bruder Erich schrieb, als ein »Zeichen demonstrativer Bildung«, das es ihm als Junior erlaube, im »Kreise honoriger alter Männer über Vierzig« mitzureden. Auch in späteren Jahren leistete er ihm, an Konferenztischen und in Gesellschaft als Basisqualifikation bewußt eingesetzt, wertvolle Dienste.

1890, dem Jahr, in dem der frisch inthronisierte junge Kaiser den fünfundsiebzigjährigen Reichskanzler Otto von Bismarck auf sein Gut Friedrichsruh bei Hamburg verabschiedete und mit starken Reden seinen autokratischen Herrschaftswillen bekundete, boten sich dazu noch keine Gelegenheiten. In diesem Jahr ging es ihm darum, sich für seinen beruflichen Anfang zu qualifizieren und endlich eigenes Geld zu verdienen. Zu diesem Zweck hängte er seinem universitären Grundstudium noch ein Aufbau-Studium in Chemie und Maschinen-Bau am Polytechnikum in München, der damals noch unumstritten »ersten deutschen Kulturhauptstadt« an. Hier fühlte er sich wissenschaftlich unterfordert und belegte zum Ausgleich einen Kurs in Aquarell- und Landschaftsmalerei. In seiner demnach reichlich bemessenen Freizeit durchstreifte er die Säle der neben dem Technikum gelegenen Pinakothek und verschiedene, für Studierende offene Künstlerateliers, darunter das Palais des Künstlerfürsten Franz von Lenbach, der derweil mit seinen Portraits unter den »Berliner Ochsen« und in Friedrichsruh ein Vermögen verdiente. Brieflich beriet er seine Mutter bei der Neueinrichtung ihrer Wohnung in der Konzernzentrale der AEG am Schiffbauerdamm, durchstöberte für sie die Antiquitätenläden, kaufte dieses und jenes und ließ sich, um bei den Lieben daheim nicht in Verdacht zu geraten, sich in Schwabinger Kneipen und anderen anrüchigen Lokalitäten herumzutreiben, von Otto Zirngiebl im Habit des perfekten Angestellten in Öl malen (Seite 39). Nebenbei übernahm er, um seinen schmalen Monatswechsel aufzubessern, Gelegenheitsarbeiten in der AEG-Filiale und bereitete sich zielstrebig auf seine mit dem Vater abgesprochene »Lehrzeit« in der »Aluminium-Industrie AG« in Neuhausen in der Schweiz vor, an der die AEG beteiligt war.

Bevor er sich dort als »technischer Beamter« zum Dienst meldete, absolvierte er in Berlin von Oktober 1890 bis September 1891 seinen Einjährigfreiwilligen-Militärdienst im Garde-Kürassier-Regiment Pasewalk, das ihn bis in den Rang eines Vize-Wachtmeisters aufsteigen ließ, ihm jedoch die Zulassung zum Spezialkurs für den Reserveleutnant verwehrte. Er fiel, obwohl bekannt war, daß diese Truppe keinem Bürgerlichen und erst recht keinem Juden dieses Avancement gestattete, aus allen Wolken, begriff vielleicht zum ersten Mal, daß Gleichheit vor dem Gesetz nicht mit sozialer Gleichheit identisch war. Er war enttäuscht und verletzt und vergaß es nie. Einer der ersten Artikel, den er zehn Jahre später in seinem neuerworbenen Schloß in Freienwalde schrieb, behandelte das Thema »Staat und Judentum.« Darin erinnert er sich verallgemeinernd an diese Erfahrung: »Es gibt in den Jugendjahren eines jeden deutschen Juden einen schmerzlichen Augenblick, an den er sich zeitlebens erinnert, wenn ihm zum ersten Mal voll bewußt wird, daß er als Bürger zweiter Klasse in die Welt getreten ist, und daß keine Tüchtigkeit und kein Verdienst ihn aus dieser Lage befreien kann«.[15]

DIe Karriere: Wege und Nebenwege

Emil Rathenau dürfte über den Ausgang der Affäre eher erleichtert gewesen sein. Jedenfalls lud er den Sohn nach dessen Militärdienst zu einer Schottland-Reise ein, auf der er ihn ausführlich über die AEG und ihre weitere Entwicklung instruiert haben dürfte. Alsdann begann für den Junior unter der Leitung des Chemikers Martin Kiliani seine »Lehrzeit« in der rund um die Uhr mit der Herstellung des damals teuren Baustoffes Aluminium beschäftigten »Aluminium-Industrie–Aktien-Gesellschaft (AIAG)« in Schaffhausen in der Schweiz. Hier entwickelte er alternative Verfahrensvorschläge, die er patentieren ließ. Ohne adäquaten kollegialen und gesellschaftlichen Umgang fühlte er sich nach einer ausgiebig genossenen Osterreise nach Rom und einer mehrwöchentlichen Manöver-Übung in Brandenburg zunehmend vereinsamt, durchlitt, wie er es später sah, »unter der Borniertheit inferiorer Vorgesetzter und der Vulgarität dumpfer, instinktwilder Menschen aus der Unterschicht ... Höllen der Verzweiflung« und löcherte seine Mutter solange mit Klagen über sein »sibirisches Hundeleben«, daß sie ihm angeblich im Einverständnis mit dem Vater riet, den ungeliebten Beruf aufzugeben

Walther Rathenau, Vize-Wachmeister in der Paradeuniform der Garde-Kürassiere, 1891 und Maler oder Professor zu werden; was er, entschlossen so schnell wie möglich selbstständig und finanziell unabhängig zu werden, natürlich nicht wollte. Folglich bekundete er dem Vater gegenüber seinen Durchhaltewillen, gab aber auch ihm zu verstehen, daß es eine Schmerzgrenze gebe und daß er um jeden Preis versuchen werde, baldmöglichst eine selbstständige Stellung zu erlangen; und sei es in Amerika ...

Emil Rathenau hatte Verständnis. Gemeinsam mit der »Berliner Handelsbank-Gesellschaft« (BHG) Carl Fürstenbergs beschloß die AEG im September 1893 den Bau einer neuen Fabrik für die elektrolytische Herstellung von Chlor aus Tonerde in dem neu erschlossenen Braunkohlegebiet Bitterfeld und übertrug seine Leitung dem mittlerweile fünfundzwanzigjährigen Walther Rathenau. Es war die Zeit, in der die AEG sich von ihrer anfänglichen Zusammenarbeit mit Siemens gelöst hatte, ihre Fabrikation unter Ausnutzung neuer Erfindungen auf eine breite Basis stellte und ihr Service-Netz im In- und Ausland vergrößerte. Weitere chemische Betriebe entstanden in Polen, Frankreich – und auf Wasserkraft-Basis – in Rheinfelden bei Basel, die ebenfalls seiner Leitung übertragen wurden.

Für Walther Rathenau wurden die Jahre in Bitterfeld eine fortwährende Kampfzeit. Möglicherweise hätte er sie nicht durchgehalten, wenn sie nicht mit zahlreichen Reisen u.a. in die USA und regelmäßigen Aufenthalten in Berlin und der Teilnahme an den verspäteten Auf- und Umbrüchen der literarischen, malerischen und theatralischen Intelligenz verbunden gewesen wäre. Durch Georg Brandes lernte er die Schriften Nietzsches kennen. Auf der freien Bühne Otto Brahms sah er seine Leseerlebnisse der skandinavischen Dramatiker in Fleisch und Blut verwandelt. 1893 lernte er in dem damals noch am Landwehrkanal gelegenen Atelier seines Großonkels Max Liebermann Edvard Munch persönlich kennen. Noch im gleichen Jahr erwarb er für seine rudimentäre Bildersammlung für einhundert Mark das Gemälde »Christiana im Regen«, zu dem sich in den folgenden Jahren – von Stefan Pucks in der Rathenau-Ausstellung des Deutschen Historischen Museums, 1993/94 ausführlich dargestellt[16] – neben mehreren Radierungen und Lithografien Munchs ohne erkennbare Vorliebe für diese oder jene Richtung diverse weitere, zumeist »realistische Bildkäufe«, unter ihnen Max Klingers schönes Frauenbild auf einem Dachgarten in Florenz und 1909, am ersten Tag der Sezessionsausstellung 1909 der »Märzenschnee« von Max Pechstein (S. 52) hinzugesellten, das einzige Bild, das er im Salon seines späteren Grunewald-Hauses offen zur Schau stellte. Das Gros seiner Bildkäufe wanderte auf den Dachboden oder in den Besitz der Mutter, die es nach seinem Tode dem Städel in Frankfurt vermachte.

1895 trat er in den Förderkreis der elitären Jugendstil-Zeitschrift »Pan« ein, die mit Texten unbekannter Autoren und auf handgeschöpftem Papier mit eingelegten Originaldrucken und Erstdrucken namhafter Künstler einem rasch wachsenden Kreis von Liebhabern und Kennern Kostproben der neuesten Kreationen der englischen »Arts and Crafts« und des »Art Nouveau« in Frankreich vermittelte. In diesem Kreise lernte er neben den Initiatoren und Redakteuren des kostspieligen Unternehmens die Museums-Direktoren Wilhelm Bode, Woldemar von Seidlitz und Alfred Lichtwark kennen, letzterer damals noch ein glühender

Edvard Munch,
Regenwetter in Christiania.
Öl-Leinwand
Oben: Selbstbildnis in Bitterfeld

Max Pechstein, Märzenschnee.
Öl-Leinwand, 1909
Oben: Max Klinger, Frauenbild.
Öl auf Leinwand

Bewunderer Arnold Böcklins, Max Klingers und Philipp Otto Runges. Außerdem von der künstlerisch rebellierenden jeunesse dorée Eberhardt von Bodenhausen, Harry Graf Kessler, Julius Bierbaum, Julius Meier-Graefe und Richard Dehmel, dem er zeitlebens verbunden blieb.

1896 ließ er sich von Lesser Ury in japonesker Positur als Optimisten mit großer Zukunft portraitieren. Im gleichen Jahr lernte er den Herausgeber der skandalumwitterten politischen Wochenschrift »Die Zukunft«, Maximilian Harden, kennen, dem er anderthalb Jahrzehnte lang als Mitarbeiter, Mitstreiter und Freund eng verbunden bleiben sollte. 1897 veröffentlichte er in der »Zukunft« unter dem Titel »Höre Israel« ein antisemitisches Pamphlet, das er später als »Jugendsünde« abtat und in seine »Gesammelten Schriften« (1918) nicht aufnahm. Es begann mit dem Satz: »Von vornherein will ich bekennen, daß ich Jude bin«, gipfelte in der Behauptung, die breit diskutierte »Judenfrage« sei in erster Linie eine »Kulturfrage«. Wer sie verstehen wolle, möge »an Sonntagen mittags um zwölf durch die Berli-

Lesser Ury,
Porträt Walther Rathenau.
Pastell, 1896

ner Thiergartenstraße gehen oder abends in den Vorraum eines Theaters blicken. Seltsame Vision! Inmitten deutschen Lebens glänzend und auffällig ausstaffiert und von heißblütig beweglichem Gebaren ... auf märkischem Sand eine asiatische Horde. Die gezwungene Heiterkeit dieser Menschen verrät nicht, wieviel alter ungesättigter Haß auf ihren Schultern lagert. So leben sie in einem halb freiwilligen, unsichtbaren Ghetto, kein lebendes Glied des Volkes, sondern ein fremder Organismus in seinem Leibe«. Das »Sünden-Register«, das er »seinem Volke« vorhielt, war lang, zielte auf die neureichen Nachbarn im Tiergarten, aber vor allem die den russischen Pogromen entkommenen Betteljuden im Osten der Stadt. Beiden empfahl er als altbewährtes Heilmittel »Assimilation«, Anpassung an die Sitten und Gebräuche des Wirtslandes durch »Selbsterkenntnis und Selbsterziehung«.[17]

Ganz wohl scheint er sich bei der Abfassung des mehrfach überarbeiteten Skripts nicht gefühlt zu haben. Jedenfalls schickte er es, bevor er es zum Druck freigab, seinem Mentor Max Liebermann mit dem Vermerk, daß es ihm wahrscheinlich nicht gefallen werde. Und er sollte sich nicht täuschen. Liebermann, seit drei Jahren in seinem Elternhaus am Brandenburger Tor residierend, und nach seiner ersten Einzel-Ausstellung 1896, fünfzig Jahre alt, nach langem Warten endlich auch in Berlin anerkannt und in die »Kgl. Akademie der Künste« aufgenommen, antwortete postwendend: »Mit bestem Dank schicke ich dir beif. das Manuskript zurück. Allerdings regt es mich – wie du vorausgesehen – zum Widerspruch an; ich meine überhaupt, daß das Generalisieren leicht zu falschen Schlußfolgerungen führen kann. Ich betrachte die Juden liebevoll, oder bemühe mich wenigstens, es zu thun: die Ärmsten – denn die Reichen lassen sich taufen – sind, wenn fehlerhaft, zu ihren Fehlern gezwungen worden. Auch könnte man die Fehler, die du ihnen vorwirfst, den meisten Christen vorwerfen. Au fond sind's alles Menschen, die sich gar nicht so sehr voneinander unterscheiden. Auch haben sie doch ganz respektable Leute hervorgebracht: Jesus, den Dichter der Psalmen, Spinoza u. – deinen Vetter. Komm nächstens Mal vorbei, damit ich dir deinen Antisemitismus austreibe.«[18]

Ob er vorbei kam, wissen wir nicht. Da das mißfällige Produkt nicht unter seinem Familiennamen, sondern unter dem Decknamen Hartenau erschien und in dem begrenzten Leserkreis der »Zukunft« kaum Staub aufwirbelte, scheint es das Verhältnis der beiden »Vettern« nicht getrübt zu haben. Jedenfalls verbürgte sich Rathenau jun. zusammen mit einigen anderen Charlottenburger Fabrikanten 1898 für den Baukredit, mit dem von Januar bis Mai 1899 am unteren Ende der Kantstraße in Charlottenburg das erste Ausstellungs-Haus der »Berliner Secession« hochgezogen wurde. Mit Max Liebermann und Walter Leistikow als Vorsitzenden und Schriftleiter, Bruno und Paul Cassirer als Geschäftsführern und einem rasch wachsenden kaufkräftigen Publikum zog sie bekanntlich bereits im zweiten Jahr zahlreiche prominente Künstler aus anderen deutschen Kunststädten an. Im dritten Jahr provozierte sie mit einer breiten Phalanx belgischer und französischer Impressionisten den Zorn des Kaisers, der sie in einer kulturpolitischen Suada als »Rinnstein-Kunst« titulierte. Eine bessere Reklame hätte sich die »Secession« kaum wünschen können. Jedenfalls war ihr Durchbruch an die Spitze der malerischen Avantgarde bis auf Weiteres nicht zu stoppen. Dieser Entwicklung stand Rathenau unter dem Einfluß des gegen den rasanten Fortschritt der technisch-industriellen Revolution aufkommenden Kulturpessimismus' Maximilian Hardens eher skeptisch bis ablehnend gegenüber.

1899, nach Verpachtung der »Elektrochemischen Werke« in Bitterfeld, wurde er in den Vorstand der AEG berufen. Mit der Leitung und dem weiteren Ausbau der Abteilung Kraftwerksbau betraut, unternahm er zahlreiche Reisen im In- und Ausland, perfektionierte seine französischen, englischen und italienischen Sprachkenntnisse und seine Rede- und Verhandlungskunst und schrieb mit blankgeputzter Feder schnell und routiniert im Stile Hardens unter wechselnden Decknamen und fiktiven Identitäten weitere Beiträge für die »Zukunft«: Reiseeindrücke und Erlebnisse aus Spanien und Portugal, Theater-Impressionen aus Paris, Nacherzählungen Talmudischer Geschichten aus Babylonien, eine Persiflage der amerikanischen Begräbnisindustrie als Schreckensszenario des perfekten Kapitalismus, unter dem Titel »Ignorabimus« eine impertinente Polemik gegen den »Triumphzug der experimentellen Wissenschaften«, die im Bunde mit dem geistigen und praktischen Materialismus die Schöpfung als eine zerlegte Maschine vorführe und »von den großen Fragen, die jetzt und in Zukunft die Menschheit bewegen, von den menschlichen, sittlichen und nationalen Dingen ... keine Ahnung hätten ...«

Als fiktiver Erbe eines verstorbenen kaiserlich-russischen Staatsbeamten (»von der Mühl«) empfahl er »dem verehrten Publikum« eine Reihe von Maßnahmen, die geeignet wären, die schlimmsten Notstände des vage umrissenen autokratisch-plutokratischen Systems zu mildern. Darunter »eine progressive Einkommensteuer, hohe Abgaben auf Erbschaften, Mitgifte und Schenkungen, die Besteuerung des nicht arbeitenden Vermögens, die Verstaatlichung von Bergwerken und des städtischen Grund und Bodens, die Vernichtung der Monopole, staatliche Kontrolle von Syndikaten und Trusts, hohe Dotierung von Staatsbeamten (zwecks Vermeidung der Korruption) und reiche Zuwendung von Staatsmitteln für Zwecke der Wissenschaft und Kunst.«[19] Sodann, aus seinen Erfahrungen an diversen Konferenztischen zur »Physiologie der Geschäfte« in munterer aphoristischer Form dahergeplaudert, z.T. heute noch brauchbare Erkenntnisse und Ratschläge wie: »Eine Organisation soll ihr Gebiet bedecken wie ein Spinnennetz: von jedem Punkt soll eine gerade und gangbare Verbindung zur Mitte führen.« »Glaube nicht, dadurch etwas zu erreichen, daß Du alle Einwände vorwegnimmst und widerlegst. Niemand läßt sich ad absurdum führen.« Oder: »Es ist nicht möglich, einen Menschen zu überzeugen, geschweige denn zu überreden. Führe neue Tatsachen und Gesichtspunkte an, aber insistiere niemals. Die Lösung besteht darin, neue Vorschläge zu ersinnen, sobald starke Einwände erhoben werden.« »Verlange, daß jeder Deiner Leute einen Stellvertreter, keiner einen Adjutanten halte.« »Sei stets um das Wohl Deiner Leute besorgt, nie um ihren Beifall.« Schließlich ein melancholischer Abgesang auf die »sterbende« preußische Königstadt und ein Pamphlet über das »Neue Berlin«, den »Parvenue« unter den europäischen Hauptstädten, dem er prophezeite, daß es als »Spree-Chicago« dereinst »die schönste Stadt der Welt« werden würde.

Auf der Jahrhundertausstellung 1900 in Paris trumpfte die AEG mit der von dem Göttinger Professor Walter Nernst entwickelten verbesserten Glühlampe auf. Im gleichen Jahr erhielt Emil Rathenau auf einer Nordlandfahrt vom Kaiser den Titel »Geheimer Oberbaurath« verliehen. Während eines Besuchs in den AEG -Werken in der Brunnenstraße hatte der Junior Walther die Ehre, dem Kaiser zusammen mit dem Grafen Arco einige funktelegrafische Experimente vorzuführen und zu kommentieren. Von S.M. befragt, worauf die Erfolge der AEG zurückzuführen seien, antwortete er ungeniert: »Majestät, von unseren deutschen Fabriken können die Engländer was lernen. Die stapeln immer eine Auflage auf die andere. Bei uns wird die Sache einheitlich durchdacht und pro-

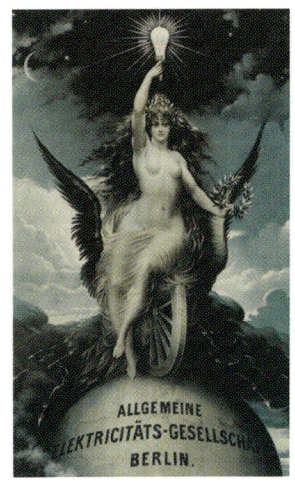

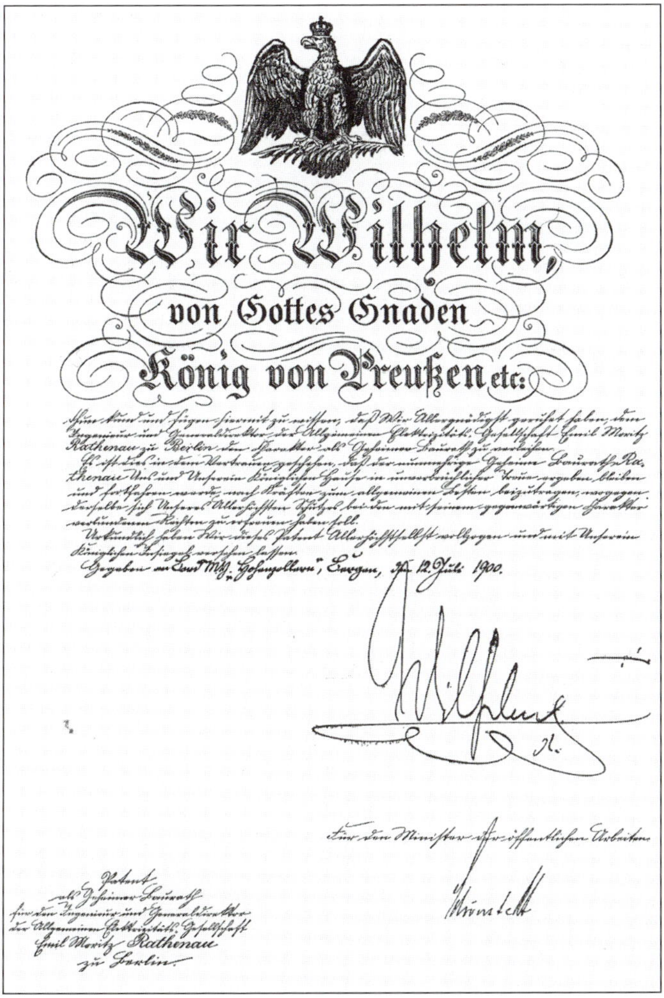
Wir Wilhelm,
von Gottes Gnaden
König von Preußen etc:

Oben: AEG-Reklame, 1900 in Paris.
Links:Kaiserliches Patent für den Geheimen Baurath Emil Rathenau

jektiert. Da sehen wir uns den preussischen Staat an und suchen, ihn zu kopieren.«[20] Dafür erhielten er und Arco den »Rote-Adler-Orden Klasse IV«, dem noch drei weitere Auszeichnungen dieser Art folgen sollten. Über die legendäre »Hunnen«-Rede des Kaisers in den Briefen und Schriften Rathenaus in diesem Jahr kein Wort. Der Kaiser redete viel und gern. Für die Firmen-Politik der AEG galt das Wort des Kanzlers Leo von Caprivi: «Entweder wir exportieren Menschen oder wir exportieren Waren.« Zu diesem Zeitpunkt zählte die AEG siebzehntausend Mitarbeiter. Ihr Umsatz belief sich auf mehr als einhundert Millionen.

1901 unternahmen Rathenau und Harden mit Jacob Burckhardts »Cicerone« in der Tasche einen Oster-Ausflug nach Florenz, wo sie sich für die Renaissance der Medici begeisterten und Harden seinen noch gelehrigen Freund in die »Staatsräson Niccolo Machiavellis« einführte. Was diesen veranlaßte, zu Beginn des Jahres 1902 eine Auswahl aus der ersten Folge seiner Beiträge für die »Zukunft« mit »Höre Israel« als erstem Eintrag und einer Doktrin zur »Metaphysik der Kunst« unter dem Titel »Impressionen« als Sammelschrift herauszugeben, wurde nie befriedigend geklärt. Gesichert ist, Emil Rathenau, der die AEG wie einen Familienbetrieb führte und im Jahre 1900 auch seinen zweiten, mit dem Aufbau und der Leitung der Kabelwerke an der Spree beauftragten jüngeren Sohn Erich in den Vorstand geholt hatte, war entsetzt, ließ die Restauflage und die noch im Handel befindlichen Exemplare aufkaufen und vernichten. Sein Sohn Walther, durch eine mißlungene geschäftliche Fusion zusätzlich belastet, war nicht zu halten. Am 1. März verließ er die AEG und ging als geschäftsführender Teilhaber zur »Deutschen Handelsbank« (DHB) Carl Fürstenbergs, der Hauptbank der AEG seit dem Ausscheiden der »Deutschen Bank«. Dort verdiente er mit der Beratung, Finanzierung und Fusionierung neuer oder bereits bestehender Industriebetriebe in den verschiedensten Branchen, die ihm mit der Zeit nach einer postumen Auflistung seines Sekretärs an die hundert Aufsichtratsmandate einbrachten[21], mit geschickten Börsenanlagen und, ab 1905, mit der Leitung der Berliner Zentrale der Zürcher Elektrobank sehr schnell sehr viel Geld, so daß er sich ein größeres Vermögen zulegen und in begrenztem Umfang auch mäzenatisch betätigen konnte. Nach dem frühen Tod seines Bruders Erich auf einer Ägypten-Reise im

Januar 1903 kehrte er als Aufsichtsratsmitglied und persönlicher Berater seines Vaters auch in die engere Führungsriege der AEG zurück, was ihm unter Leuten, die sich in Firmen- und Finanzgeschäften nicht so genau auskannten, den Ruf des »heimlichen Kronprinzen« der AEG einbrachte.

Seine damaligen Auftritte auf dem Berliner Parkett hat Harry Graf Kessler in seiner nach wie vor lesenswerten Biographie »Walther Rathenau. Sein Leben und sein Werk« 1928 wie folgt beschrieben: »Wer Walther Rathenau in diesen Jahren gekannt

Konzernzentrale der AEG am Schiffbauerdamm bei Nacht. Bleistiftzeichnung Walther Rathenaus im Gästebuch Carl Fürstenbergs

hat, wird sich eines schlanken, sehr großen jungen Mannes erinnern, der durch seine anormale Kopfform, die mehr negerhaft als europäisch aussah, auffiel: tiefliegende, kühle, rehbraune, langsame Augen, gemessene Bewegungen, eine tiefe Stimme, eine pastorale Sprechweise bildeten die etwas unerwartete, künstlich wirkende Fassung für eine blitzende Gedankenfülle. Man stieß auf ihn in der Hofgesellschaft, wo jeder jeden kannte, zunächst als Fremden; aber wenn man ihn einmal bemerkt hatte, vergaß man nicht sein Aussehen und auch nicht den eigenartigen Eindruck, der von ihm ausging: den einer massiven Kraft und zugleich irgendeiner Schwäche, vielleicht, man wußte nicht, einer überzarten Haut. Er war interessant und etwas geheimnisvoll. Man konnte bei seinem Anblick an Stendhals Julien Sorel mit seinem dunklen Rock und bohrenden Augen denken, oder auch, aber als Gegenbeispiel, an einen andern jungen Juden, der siebzig Jahre früher in einer anderen ›Gesellschaft‹ mit einem ähnlich blitzenden Geist, aber in einer goldgestickten türkischen Weste und mit Ohrringen, seinen Aufstieg begann: Benjamin Disraeli. Bei Rathenau glitzerte nur der Geist, der Geist und die Überfülle von Bildern und Vergleichen, wenn er plauderte. Gebärden und Haltung, ebenso die gepflegte, aber immer unauffällige Kleidung deuteten auf die wohldurchdachte Absicht, der militärisch einfachen Linie der preußischen Hofgesellschaft eine eigene, noch schlichtere entgegenzustellen. Seines Judentums war er sich in jedem Augenblick bewußt. Doch verleugnete er es nicht, sondern trug es eher wie ein gewähltes Anderssein.«

So beschrieb ihn Kessler sechs Jahre nach seinem Tod, bemüht, den Leser seinen Werdegang und sein Wirken als Schicksalsdrama nachleben zu lassen – in gesellschaftlicher Hinsicht sicher überhöht und idealisiert. Zwar war Rathenau mittlerweile ein »Mann von Welt«, ein geistreicher und charmanter Plauderer und auch als Tischherr allein auftretender Damen in einigen aristokratischen Salons der Reichshauptstadt ein gerngesehener Gast. Doch zur Hofgesellschaft im engeren Sinn gehörte er nicht. Zu höfischen Empfängen wurde er nicht geladen, und auch an den informellen Gesprächen, zu denen der Kaiser von Zeit zu Zeit namhafte Vertreter der Industrie und ihm genehme Direktoren und Professoren der Hochschulen und der von ihm geförderten Museen und archäologischen Institute und Grabungen ins Schloß

lud, nahm er nicht teil. Seinen durch seine vielfältigen beruflichen Aktivitäten begrenzten Bedarf an geselligem Verkehr stillte
er im Umgang mit Geschäftsfreunden und in elitären Clubs wie
dem Kaiserlichen Automobil- und Aero-Club und, wann immer
möglich, den heute weitgehend vergessenen Zirkeln, Jours und
Salons seiner überwiegend jüdischen »Freundinnen«; im Salon
der Gräfin Babette Kalkreuth z.B., in dem er sich den Erzählungen großer alter Damen wie der Geheimrätin Abbecken und Ma-
rie von Olfers über ihren Umgang mit Rahel und Karl Varnhagen
von Ense, Bettina von Arnim und Henriette Herz lauschend noch
einmal von dem »Zauberring der Romantik berührt« fühlte. Im
Hause des Maler-Ehepaars Reinhard und Sabine Lepsius, wo
»das geistige Berlin« verkehrte und sich von den Séancen Stefan Georges beeindrucken ließ, in der Wohnung Emma Dohmes,
in der sich die Secessionisten drängten und mit »Küken á la Liebermann« verwöhnen ließen, auf den Diners und Donnerstag-
abenden Aniela Fürstenbergs, die sich darauf kaprizierte, Geist
und Geld zu »mischen«, in der Villa Felix Deutschs, in der seine
geliebte Lili musikalische Abende und Dichterlesungen veranstaltete, die er sich, wenn er in Berlin war, so gut wie nie entge-
hen ließ, an den offenen Sonntagen seiner mit dem Bankier Fritz
Andreae verheirateten Schwester Edith, nicht zuletzt in seiner
eigenen, ihm von seiner Großmutter hinterlassenen Fünfzim-
merwohnung in der Victoriastrasse 3, in die er gern zu Gesprächen in kleinem Kreise einlud.

Im Sommer 1905 lernte er bei den Andreaes Max Reinhardt und
Alfred Kerr kennen. Reinhardt war auf der Suche nach einer laut-
losen elektrischen Drehbühne und Finanzierungshilfen für den
Pachtkauf und die Um- und Anbauten am »Deutschen Theater«
und erhielt beides. Im gleichen Jahr zeigte die Berliner National-
galerie ihre »Jahrhundert-Ausstellung Deutscher Kunst« mit
Bildwerken von Chodowiecki, Schadow, Krüger bis hin zu den
frühen Arbeiten Liebermanns. Durch sie dürfte Rathenau in seinem preußischen »Kunstpatriotismus« bestärkt worden sein. Im
März 1906 holte er seine seit langem geplante Griechenlandrei-
se nach und kehrte außer mit prall gefüllten Skizzenbüchern mit
einem »Breviarium mysticum« zurück, in dem sich in Stichwor-
ten bereits die Motive und Themata fanden, die ihn später in
Freienwalde beschäftigen sollten. Seinen Freunden, unter ihnen

Alfred Kerr, verkündete er, daß er das Geschäftsleben satt habe und sich auf eine Klitsche in Mecklenburg zurückziehen wolle, »um zu philosophieren«. Daran erinnerte sich Kerr 1935 an den Freund in Amsterdam. Danach will er ihn eines Tages dabei erwischt haben, wie er seine Fensterbretter in der Victoriastraße absägen und nach unten verlängern ließ, sodaß sie ein bißchen wie Sanssouci aussahen. Daraufhin habe sich der folgende Dialog ergeben:

K.: »Mir leuchtet das nicht ein. Sie sind fast in jeder Hinsicht ein moderner, selbständiger Mensch, ... Sie tönen in dieser Wohnung sogar den Fußboden mutig mit grauer Ölfarbe und nun auf der anderen Seite: Sanssouci, Vergangenheit, Rokoko? Was lieben Sie besonders daran?«

R: »Das Hohenzollernsche.«

K: »Und was lieben Sie besonders an den Hohenzollern?«

R: »Ihre märkische Sparsamkeit, ihre Kargheit, ihre Einfachheit ...«

K: »Aber Sie machen doch nicht die Einfachheit nach, sondern ihre Schlösser. Wissen Sie, wie mir das vorkommt?«

R: »?«

K: »Ein Landmann sieht in seinem älteren Gutsnachbarn ein Vorbild. Dieser nährt sich seltsamerweise nur von Kartoffeln, trinkt aber dazu die edelsten Weinsorten. Der Landmann will ihm genau nachfolgen und trinkt zunächst die edlen Weinsorten ...«

R: »Lieber Doktor« (furchtbare Anrede) »man soll in dieser Region seine Aufmerksamkeit nicht nur auf das Dynamische richten, sondern auf das Potentielle.«

K. »So wurden wir uns einig: fifty-fifty.«[22]

1907 engagierte die mittlerweile weltweit agierende AEG den vom Maler über die Grafik zum neoklassizistischen Architekten aufgestiegenen Hamburger Patrizier-Sohn Peter Behrens (1868-1940) als künstlerischen Berater (»Beirat«). Mit dem Entwurf eines einheitlichen Grafik-Designs, zahlreicher neuer Produktformen und dem Bau und Umbau mehrerer Fabriken, unter ihnen die heute unter Denkmalschutz stehende Kleinmotoren-Fabrik in der Berliner Hussitenstraße, verschaffte Behrens dem Unternehmen eine corporate identity, die noch heute als das A und O erfolgreicher Firmenpolitik angesehen wird. Mit Behrens verband Rathenau gegenseitige Wertschätzung und Freundschaft. Nach Auskunft der Tochter Behrens' war Rathenau oft Gast in

ihrem Hause in Babelsberg. Umgekehrt dürfte Rathenau auf gemeinsamen Autofahrten Behrens mit der Brandenburgischen Schlösserlandschaft bekannt gemacht haben. Einig waren sich die beiden in ihrer Wertschätzung des preußischen Klassizismus und – Neo-Klassizismus, uneins über den kulturellen Rang des industrial design. Während Behrens in ihm eine neue, eigenständige Kunstschöpfung sah, beharrte Rathenau auf der strikten Trennung von Kunst und maschinell produzierten Kunstgütern. Aus diesem Grunde weigerte er sich auch, in den 1907 begründeten »Deutschen Werkbund« einzutreten.

Walther Rathenau

Wegeskizzen in Griechenland

»Die neue Ära«: Zeitkritiker, Politiker

Im Dezember 1906 gab es nach längerer Pause eine Reichstagswahl, die den liberalen Parteien einen kräftigen Stimmenzuwachs brachte und es dem seit der Jahrhundertwende mit dem Zentrum und den National-Konservativen regierenden Reichskanzler Bernhard von Bülow ermöglichte, einen alternativen Block zwischen den Liberalen und dem Centrum zu bilden. Am 12. Februar veröffentlichte Rathenau nicht in der »Zukunft« und nicht anonym, sondern unter seinem eigenen Namen im liberalen »Hannoverschen Courier« unter dem Titel »Die Neue Ära« einen Artikel, mit dem er sich als politisch interessierten und versierten Publizisten outete. Einleitend wies er darauf hin, daß sich das politische Klima in Europa geändert habe. Im Osten versiege seit der Oktober-Revolution 1905 ein kühlender Behälter des Absolutismus, im Westen trockne nach Beendigung der Dreyfus-Affäre und Regierungswechsel von Rechts nach Links eine klerikale Niederung aus. Folglich werde man sich auch in Deutschland der Frage stellen müssen, welche Kulturgründe es rechtfertigen, daß es noch immer absolutistischer regiert werde als fast alle zivilisierten Länder: »Deutschland«, so seine aufsehenerregende Behauptung, »ist nicht mehr das Land der Träumer und Professoren. Der wirtschaftliche Weltkampf zeigt die Deutschen an dritter, intellektuell an erster Stelle ... Es wird schwer zu begründen sein – auch dem Ausland gegenüber –, daß dem Deutschen so viel weniger konstitutioneller Einfluß bei seinen Staatsgeschäften gegönnt ist als dem Schweizer, dem Italiener, dem Rumänen.« Und: »Das Thermometer des Kontinents zeigt auf Selbstverwaltung und es kann in Deutschland nicht mehr auf lange Zeit ein Separatklima erhalten bleiben ... Nicht Ackerbau, nicht Feudalismus noch der katholische Klerus schaffen uns die enorme Zunahme wirtschaftlicher Werte ..., die bürgerliche Intelligenz schafft sie.«

Unter dem Eindruck dieses Artikels will sich der Reichskanzler Bernhard von Bülow auf der Suche nach einem neuen Staatssekretär für das bis dahin wenig erfolgreiche Reichs-Kolonialamt mit dem Gedanken getragen haben, Rathenau auch wegen seiner Beteiligung an der BHG – dem damals aktivsten Finanzier privater und staatlicher Investitionen in den Kolonien – mit seiner

Leitung zu beauftragen, es jedoch nicht geschafft haben, dafür
die Zustimmung des zuständigen Ministeriums und des Kaisers
zu gewinnen. An seiner Stelle wählte er Bernhard Dernburg, der
zwar auch jüdischer Herkunft, aber getauft war, und riet diesem,

Edvard Munch, Walther Rathenau.
Ölgemälde, 1907

sich auf seinen beiden ersten Inspektionsreisen durch Deutsch-Ostafrika und Südwest-Afrika von Rathenau begleiten zu lassen.

Rathenau kündigt seinen Posten als Geschäftsführer der BHG und bat Edvard Munch, der kurz zuvor Harry Graf Kessler portraitiert hatte, auch ihn zu malen. Vorsorglich teilte er ihm mit: »Sie werden wohl eine große Leinwand nötig haben. Ich glaube, ich habe 1 m 82.«[23] Das Bild zeigt ihn im perfekten diplomatischen Dress, die linke Hand leger in der Hosentasche, in der rechten eine Zigarette – den Kopf abwartend zurückgeworfen mit seinen pechschwarzen Augen (und Schuhspitzen) den Beschauer fixierend. Eine Pose von unnachahmlicher Eleganz und Arroganz. Im Hintergrund eine Therme oder ein Schattenmann und ein tachistisches Gemälde, das es in der Victoriastraße vermutlich nicht gab.

Hoffend, daß er, wenn nicht gleich einen Ministerposten, so doch eine einflußreiche Position im Kolonial- oder Schatz-Ministerium erhalten könnte, nahm Rathenau die Einladung Dernburgs an und begleitete ihn auf seinen beiden Afrikareisen. Damit beginnen die von Hartmut Pogge-v. Strandmann aus dem Nachlaß herausgegebenen Tagebuch-Aufzeichnungen Rathenaus[24], durch die wir den mittlerweile vierzigjährigen, »langsam alternden Kronprinzen der AEG « (Robert Musil) von einer ganz neuen Seite kennen lernen. Gleich nach der Abfahrt des Schiffes am 16. Juli in Neapel schreibt er: »Morgendämmerung, Stromboli – zwei Ortschaften vertrauensvoll am Busen des Vulkans«; dann am 17.: »Erste Wärme, ... blaue Stimmungen, warmer Wind, Kreta unsichtbar«; und am 18.: »Sonnenaufgang: Kupfer und Graublau hinter Nebelwand auffliegendes Rot, ägyptische Scheibe. Dann leuchtend hoch, Tagesfarben.« Weiter am 19.: »Mittags grüne See. 3 Uhr Port Said. Konsulargreis, sein Wesen mit Omar und Ali. Hafenrundfahrt. Kasino.« Danach am 20. in Aden: »Schwarze, graue und in Nebelfarben verschwindende Berge umschließen die Bucht. Milchig trüb die See. Silhouetten von Negern und Arabern hoch aufgerichtet ... Schweigende Wege, braun, unfruchtbar, vegetationslos der kahle Boden ... Eingang zum Krater, der in gewaltigem Bogen die uralte Stadt umschließt; im Felsen das Grab Abels« und – am 21. August auf einer Safari, tief in Afrika: »Zustände des alten Testaments: Die

Zelt in Afrika.

Zeichnung, Walther Rathenau

Männer ziehen zur Arbeit mit Hacken, um zu pflügen und zu jäten. Weiber wechseln bei der Feldarbeit ab. Kleider ungenäht aus einem Stück ... Begrüßungsruf Li-li- li ... Melodien in Moll, Jugend, Alter und Tod seit Tausenden von Jahren ohne Tradition. Kontrast dagegen die Jordan-Stämme, deren Namen, Sagen, Lieder und Gesetze noch heute die Welt beherrschen.«

Am 30. Oktober kehrten die Reisenden nach Berlin zurück, verfaßten beide umfangreiche Berichte, die über Bülow dem Kaiser zugeleitet wurden. S.M. war beeindruckt und verlieh Rathenau den Hohenzollern'schen Kronen-Orden. Er fühlte sich geehrt, zugleich war er enttäuscht und hatte wenig Lust, sich mit dem gleichen Tross von Beamten, Geschäftsleuten, Journalisten an der Reise durch Deutsch-Südwest-Afrika zu beteiligen. Zu einem Bekannten sagte er, daß er wohl wiederum eine große Zahl von Notizen sammeln werde, die dann »kalt würden wie ein Omelette, das man nicht rechtzeitig verzehrt«. Einen Teil seines Afrika-Berichts übergab er Harden zum Abdruck in der »Zukunft«, was nicht klug war. Hinter vorgehaltener Hand stauten sich Unmut und Abträgliches gegen den »ehrgeizigen Juden.«

Mit gedämpften Erwartungen nahm Rathenau von Juli bis November 1908 an der zweiten Dernburg-Reise teil, die nicht durchs Mittelmeer, sondern von Southampton nach Kapstadt und von dort durch das englische Südafrika führte. In den Tagebuchnotizen jetzt kaum noch tiefere Beeindruckungen durch Natur, Land und Leute; was wohl auch damit zusammenhing, daß er dieses Mal nicht nur als Berater des Ministers, sondern auch im Auftrag der AEG und der BHG reiste. Der AEG ging es um die Erweiterung und den Ausbau ihrer von den Wasserfällen des Viktoria-Sees gespeisten ELT-Netze, der BHG um die Erschließung und »Regie« der jüngst entdeckten Diamanten-Felder. Vor der Abfahrt aus Southampton hielt sich die deutsche Delegation einige Tage in London auf, um sich im Colonial-Office über die englischen Interessen in Südafrika und andere Probleme der Kolonialverwaltung zu informieren. In diesem Zusammenhang erfuhr Rathenau von City-Bankern, wie belastend für Great Britain die deutsche Außenpolitik, insbesondere die forcierte deutsche Flotten-Rüstung war. Er schrieb darüber einen Artikel, den er aber erst 1912 in seinem ersten im S. Fischer Verlag erscheinenden Buch »Zur Kritik der Zeit«

veröffentlichte. In Deutsch-Südwest beschäftigte ihn in stärkerem Maße als in Ostafrika die Situation der Eingeborenen nach den Massakern an den Hereros. Sie seien beschämend für das Militär und hinderlich für den Export von Waren und Menschen, schrieb er in seinem abschließenden Bericht. Gleichwohl, so sein Fazit: »Südwest ist zur Aufnahme unserer Kultur bereit und bewohnbar. Der einzigartige Zauber, der von ihm ausgeht, entströmt nicht nur seinem klaren Himmel und seinen blauen Bergen, sondern vor allem dem Horizont, der den Blick weitet und den Mut zu großer Entschließung und freier Tat erhebt.«[25]

Als er im November 1908 nach Berlin zurückkehrte, erwarteten ihn unerfreuliche Nachrichten. Im Reichstag tobt der »November-Sturm« gegen ein von Bülow nicht autorisiertes »Daily Telegraph«-Interview des Kaisers, in dem dieser sich als ständiger Berater der englischen Regierung gebrüstet und die deutsche Generalität als Projektanten des Kriegsplans Englands gegen die Buren ausgegeben hatte; ein Skandal, der den Reichstagsparteien ihre Ohnmacht gegen den Autokratismus des kaiserlichen Regimes auf drastische Weise vor Augen führte und mit Verzögerungen den Rücktritt Bülows zur Folge haben sollte. Außerdem erwies sich die Veröffentlichung der »Reflexionen«, der zweiten Folge seiner anonymen Beiträge zur »Zukunft« als Flop. Beiläufige Interessenten sahen in der teuren Drucksache eine Laune des Millionärs. Literarisch und/oder politisch interessierte Sympathisanten wunderten sich über die seltsame Vorliebe des Juden für die abgestandenen Rassentheorien des Grafen Gobineau und Housten Stewart Chamberlains Ausführungen zum »Eintritt der Juden in die abendländische Geschichte« und der »Germanen in die Weltgeschichte«.[26] »Man las oder auch nicht und lächelte«, notierte Harry Kessler in seinem Tagebuch. Die dritte ungute Nachricht kam aus dem Elternhaus, wo man beschlossen hatte, die Etagenwohnung in der Konzernzentrale am Schiffbauerdamm aufzugeben und sie gegen eine bequeme, fußläufige auf dem Familiengrundstück in der Victoriastraße auszutauschen. Für den Heimkehrer bedeutete das, er mußte sich, wollte er nicht mit ihnen unter einem Dache wohnen, ein neues Domizil suchen. Anfang Januar 1909 erwarb er am Rande des Grunewalds in der Koenigsallee 65 ein Grundstück, für das er Ende August das bereits erwähnte »Haus« plante.

WALTHER RATHENAU, SCHLOSSHERR IN FREIENWALDE

Blick auf das Oderbruch.

Pastell, 1916

Wer ihm Ende August, Anfang September 1909 den Hinweis auf die bevorstehende Versteigerung des Schlosses gab, hat er selbst nie verraten. Vermutlich war es jener erst in der jüngsten Brief-Sammlung auftauchende Geheimrat Buro, der ihm im Dezember 1909 eine Mappe mit Fotografien von Objekten anbot, die er kurz zuvor im Kunsthandel in Königsberg und in dem bereits erwähnten Sommerhaus der Königlichen Familie im Dorfe Hufen gefunden hatte. In diese Richtung zielte jedenfalls die Häme, die meinte, »daß ein sehr geschickter Beamter der Kronverwaltung das alte, kostspielig zu erhaltene Schloß höchst vorteilhaft losgeschlagen habe, indem er es dem Dr. Walther Rathenau anhängte – eine ihm wohl bekannte Schwäche des Mannes ausnutzend.« In den Zeitungen wurde der Besitzwechsel erst nach mehreren Wochen kommentarlos angezeigt. Nur das »Berliner Tageblatt« fügte hinzu, der Park solle öffentlich zugänglich gemacht werden, was nicht der Fall war.

Der Einzige, den Rathenau über den Kauf des Schlosses benachrichtigte, war Maximilian Harden, der ihn seit Mitte September zu den seit Jahren gemeinsam verbrachten Herbstferien auf Sylt erwartete. Harden war konsterniert: »Glückwunsch zu Freienwalde. Hurra« telegrafierte er. »Bin krank, kann nicht schreiben.« Und sollte seine hochhackigen Stiefeletten in den folgenden Monaten und Jahren nie über die Schwelle des mißliebigen Objekts setzen, das ihm wie alle anderen vormals aristokratischen Herrensitze in jüdischem Besitz zutiefst suspekt war. Lili Deutsch dagegen hatte Verständnis. An ihren als Filialleiter der AEG in Athen tätigen Bruder Paul Kahn schrieb sie: »... daß nun endlich auch Walther was gekauft und wirklich genau das gefunden hat, was zu ihm paßt. Es ist eines der kleinen königlichen Schlösser, alt, vornehm, mit dem Auto 1 1/2 Stunde von hier. Und die ollen Rathenaus bauen auch. Der alte Mann hat das Haus in der Victoriastraße, wo Walther wohnt, und das nebenan gekauft und sie bauen sich einen großen Palast. Wir sind alle sehr verschwenderisch geworden in diesen guten Zeiten.«[27]

Rathenau dürften die Zeitungen und die Ansichten seiner Freunde in diesen Tagen wenig interessiert haben. Gleich nach der Unterzeichnung des Vertrags fuhr er zusammen mit dem langjährigen Werk-Architekten der AEG, Johannes Kraaz, der sein Haus

in Grunewald bauen sollte, nach Freienwalde, um sich seinen Besitz anzusehen und von dem dortigen Kastellan die Schlüssel geben zu lassen. Über seinen ersten Eindruck des Schlosses vor dem inzwischen hochgewachsenen Bergwald soll hier nicht spekuliert werden. Verblüfft dürfte er gewesen sein, als er das Schloß betrat: es war zwar fußbodenrein geputzt, aber leergeräumt. Umgehend, darf man annehmen, schickte er ein Telegramm an den Hofmarschall Graf Eulenburg mit der Forderung, das widerrechtlich entfernte Inventar unverzüglich zurückzugeben. Dieser soll in Verlegenheit geraten sein, das »Versehen« einem mit dem Wortlaut des Vertrags nicht vertrautem Mitarbeiter in die Schuhe geschoben und die unverzügliche Rückgabe des im Theater des Schlosses Charlottenburg deponierten Mobiliars – insgesamt einundfünfzig Nummern – versprochen haben.

Noch vor Ort dürften sich Rathenau und Kraaz anhand der spärlich überlieferten Pläne über die erforderlichen Sanierungs- und Baumaßnahmen, insbesondere über die Neuanlage des Gartens und Einbau der beiden modernen Appartements, möglicherweise auch bereits über den halbrunden Anbau des Altans auf der Stadtseite, verständigt haben. Nach diesen Vorgaben fuhr Rathe-

Schloß Freienwalde vom Berggarten aus gesehen, im Vordergrund die Luiseneiche

nau nach Westerland, wo er am 29. September mit Harden und Gerhart und Margarete Hauptmann seinen zweiundvierzigsten Geburtstag feierte. Mit Hauptmann schloß er Duz-Freundschaft. Mit dem ebenfalls noch auf der Insel weilenden Kirchenhistoriker und Bildungspolitiker Adolf von Harnack unternahm er bei immer noch gutem Wetter lange Strandspaziergänge, auf denen dieser ihn über die von ihm geplante Gründung des »Kaiser-Wilhelm-Instituts«, dem Vorläufer der heutigen Max-Planck-Gesellschaft, (anläßlich des bevorstehenden hundertjährigen Jubiläums der Berliner Universität) informierte und als Mitstreiter und Sponsor zu gewinnen suchte.

Im Schloßgarten von Freienwalde.

Zeichnungen Walther Rathenau.

Südansicht, im Bild links

Eckansicht des Pavillons

Oben:

Blick auf die St.-Georgs-Kirche

Wieder in Berlin wurden anhand eines zwischenzeitlich angefertigten großformatigen Modells die von Kraaz erarbeiteten Pläne überprüft und finalisiert. Daran nahm vermutlich auch der als Assistent im Kunstgewerbe-Museum tätige Kunsthistoriker Hermann Schmitz teil, der das Schloß für sein geplantes, 1914 veröffentlichtes Buch über »Berliner Baumeister vom Ausgang des achtzehnten Jahrhunderts« kurz vor seinem Verkauf »aufgenommen« und wohl auch fotografiert hatte. Ihn engagierte Rathenau als Berater für die Neueinrichtung der historischen Innenräume.

Mit Kraaz und Schmitz fuhr er in den folgenden Wochen, mit dem Zeichenblock in der Tasche, bei Wind und Wetter nach Freienwalde hinaus, um die dort unverzüglich begonnenen Bau- und Gartenarbeiten zu kontrollieren. Zugleich wandte er sich, angeregt von Harnack, erneut seiner politischen Schriftstellerei zu. Unter dem Titel »Lebensschule und Lebenswerte« beantwortete er eine Umfrage der Zeitschrift »Nord und Süd« zur Reform des Bildungswesens mit der These, daß, wenn Deutschland sich als Kulturnation im internationalen Vergleich behaupten wolle, es seinen humanistischen Bildungsinhalten in weitaus stärkerem Maße als bisher praxisorientierte Fächer hinzufügen müsse. In einem Beitrag zur Weihnachtsnummer der Wiener »Neuen Freien Presse« (NFP) wiederholte er unter dem Titel »Unser Nachwuchs« seine Ausführungen, hier speziell auf den Unterricht der Technischen Hoch- und Fachschulen bezogen, die unter dem Eindruck der rasant fortschreitenden technischen Entwicklung und des »Molochs Megalopolis« ihre Sensibilität und Kenntnisse elementarer, handwerklicher Qualitätsarbeit und das Gefühl für die Bedürfnisse des einfachen Lebens verloren hätten, so daß sich die Industrie gezwungen sehe, ihre Lehrlinge selbst zu schulen. Seine an sich ausgewogenen und in vielerlei Hinsicht zutreffenden Ausführungen endeten mit dem verwegenen Spruch: »Dreihundert Männer, von denen jeder jeden kennt, leiten die wirtschaftlichen Geschicke des Kontinents und suchen sich Nachfolger aus ihrer engeren Umgebung.« Mit ihm löste Rathenau unter seinen Geschäftsfreunden Kopfschütteln und – was er offensichtlich nicht bedacht hatte – in Kreisen des in Wien und Berlin bestens organisierten und lautstarken Antisemitismus blanken Jubel aus. Endlich hatte einer, der es wissen mußte, der dazugehörte, ausgeplaudert, was sie seit Jahr und

Walther Rathenau.
Selbstbildnis, 1909

**Rathenau's
300 Männer**

„rotieren"

Oskar Gröbler

Tag frei nach Heinrich von Treitschke predigten: »Die Juden sind unser Unglück« – die Verschwörung des kapitalistischen »Weltjudentums« gegen die abendländisch-christliche Kultur gab es also wirklich. Wie die von Rathenau in seinem Pamphlet »Höre Israel« zitierte »asiatische Horde auf märkischem Grund« geisterten auch seine »dreihundert feixenden Dunkelmänner« noch jahrelang durch den antisemitischen, später nationalsozialistischen Blätterwald.

Den Jahreswechsel verbrachte Rathenau mit den Deutschs und den Hauptmanns im Riesengebirge. Mit Gerhart Hauptmann verhandelte er über eine von dem S. Fischer-Lektor Samuel Saenger angeregte neue Literatur-Zeitschrift, die aus verschiedenen Gründen nicht zustande kam. Mit Glanz und Gloria ging hingegen am 16. Januar 1910 im Weißen Saal des Berliner Stadtschlosses das alljährliche Ordenfest über die Bühne, auf dem Rathenau in Anwesenheit des Kaisers und des neuen Reichskanzlers um ein Jahr verzögert der »Rote Adler-Orden II. Klasse« verliehen wurde. Dernburg erhielt I. Klasse. Wahrscheinlich wurde bereits bei dieser Gelegenheit über seine nächste, und vor dem Kriege letzte, halboffizielle politische Mission gesprochen: Seinen im Mai unternommenen Versuch, auf dem seit der Marokkokrise 1906 politisch brisanten Terrain den seit längerem schwelenden Streit zwischen dem deutschen Mannesmann-Konzern und der »Union des Mines« in Marokko zu schlichten. Er scheiterte trotz guten Willens auf französischer Seite an den Mannesmännern. Generell konzentrierte Rathenau sich in diesem Jahr auf den Bau und die Ausstattung seiner beiden bzw. – nimmt man die von dem Münchner Star-Architekten Gabriel von Seidl entworfene, von Kraaz ausgeführte Villa seiner Eltern im Tiergarten hinzu – drei »Häuser«, von denen das Schloß in Freienwalde, wie er den Hauptmanns signalisierte, als erstes »bewohnbar« wurde. Sie waren wahrscheinlich auch die Ersten, die es auf einer Spritztour zu sehen bekamen.

Walther Rathenau und Gerhart Hauptmann auf einem Spaziergang in Agnetendorf, Silvester 1910/11

Oben: Zeitgenössische Karikatur

Auf den folgenden Abbildungen folgen wir der imaginären Spur der Besucher. Zunächst jedoch ein Blick auf die Grundrisse. Sie zeigen, die Grundstruktur des alten Gilly-Baus blieb weitgehend unangetastet. Die auffälligste bauliche Veränderung war ohne Frage der halbrunde Vorbau vor der nordöstlichen Schmalseite

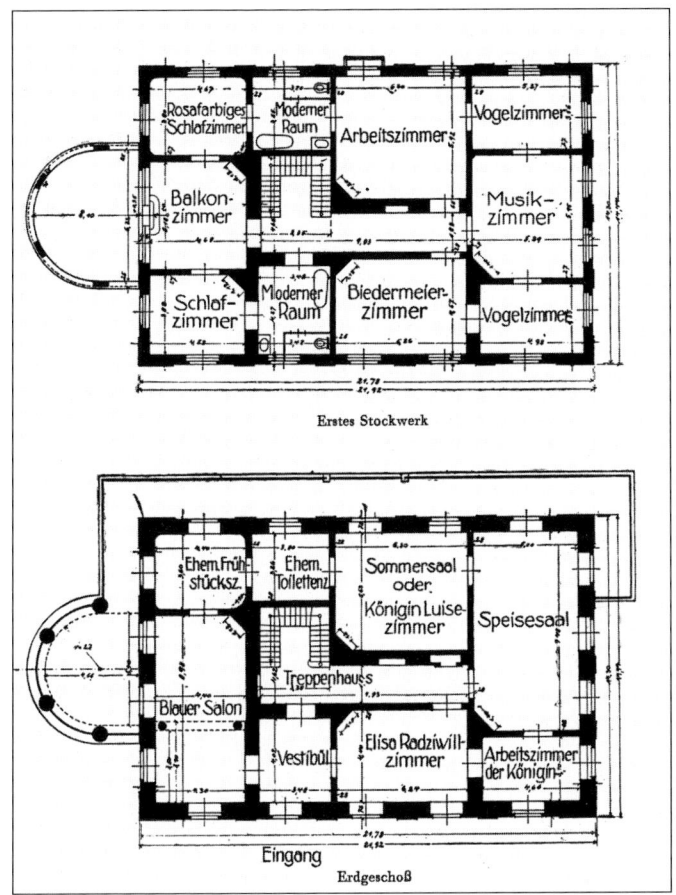

Erstes Stockwerk

Erdgeschoß

des Hauses. Er dürfte den mit Automobil von der Schloßstraße herkommenden Besucher gleich nach der Durchfahrt durch das von Rathenau aufwendig erneuerte Portal ins Auge gefallen sein. Im Souterrain hier nur ein unauffälliger Seiteneingang, da-

Eingangsportal zum Schloßpark, 1975/2002 restauriert
Oben: Schloß Freienwalde nach Umbau und Restauration, 1910.
Grundrisse Obergeschoß und Erdgeschoß

Innenansicht des Altans mit
Blick auf die St.-Georgs-Kirche
Oben: Ansicht des Schlosses
von Nord mit neugebautem Altan

rüber ein hoher, von massiven dorischen Säulen umstandener Altan mit schönem Ausblick auf die St.-Georg-Hospital-Kirche aus
dem 17. Jahrhundert. Darüber ein von einem schmalen Eisengitter umrandeter offener Balkon. Der Haupteingang mit runder Wagenvorfahrt befindet sich nach wie vor auf der Berggarten-Seite.
Aus dem Vestibül gelangen die Besucher zunächst in den von
zwei freistehenden ionischen Säulen – anstelle der ursprünglichen Zwischenwände – unterteilten sogenannten »Blauen Salon«. Auf seiner Rückwand eine Bildergalerie mit Portraits und
Landschaftsdarstellungen aus dem Biedermeier, unter ihnen drei
Gemälde des Spätromantikers J. Chr. Klengel (1751-1824). Die Anordnung von zwei Sitzgruppen im Empire-Stil bot Gelegenheit zu
kleinen Gesprächsrunden, zwei kleine, unterhalb der Fenster plazierte gläserne Vitrinen enthielten antike Gläser und Porzellane,
die verschollen, wahrscheinlich zerstört sind.

Aus dem Salon führte Rathenau seine Gäste über den Altan mit
seinen einfachen Korbmöbeln gern auf den langgestreckten, die
gesamte Südseite des Schlosses umfassenden, die historischen
Eckbauten einbeziehenden Balkon, von dem aus man durch eine Fenstertür in den Sommersaal der Königin oder über eine
schmale freistehende mit Blumenkästen bestückte zweiläufige

Südseite des Schlosses
mit zweiläufiger Treppe

Treppe auf die geräumige Terrasse vor dem Souterrain gelangte.
Von dort aus ging es weiter, vorbei an den beiden, von einem
farbenprächtigen Blumenbeet umstandenen, auch als Schlaf
und Tod gedeuteten Ildefonso-Jünglingen über die jetzt barock
ausschwingende Mitteltreppe und den unterhalb der mit rusti-
kalen Bruchsteinen verplatteten Terrassenmauer verlaufenden
Quersteg hinweg in den symmetrisch angelegten Odergarten.
Beiderseits des zentralen, von Rabatten, später von Rosenstök-
ken umstandenen Mittelwegs Rasenflächen, darauf zwei neu
gepflanzte Blutbuchen. Nach Umrundung des breitflächigen

Ansicht des Schloßgartens
von der Terrasse im Souterrain

Springbrunnens ging der Weg über eine weitere Treppe in die
Gartentiefe hinunter, wo ein Halbrund von vier lebensgroßen
Skulpturen die Ankommenden freundlich begrüßte und auf das
Schloß zurückverwies, das sich von hier aus mit seinen hellen,
von schmalen Kapitellen gekrönten Pilastern, dem Supraportal
über dem Fenstereingang in den Sommersaal der Königin, seinem aus der Mittelachse heraustretenden flachen, hoheitlichen
Balkon und der Fahnenstange mit vergoldeter Krone von seiner
schönsten Seite zeigte.

Ansicht des Schlosses aus
der Tiefe des Odergartens

Auch die Innenräume präsentierten sich in neuem Glanz. Das schönste Zimmer war ohne Zweifel das jetzt auch vom Garten her zugängliche Wohnzimmer der Königin mit seinen sorgfältig wiederhergestellten, wie in Paretz und Neustrelitz wandhoch umlaufenden Papiertapeten mit feingliedrigen Bäumen, Sträuchern, Gräsern und Schmetterlingen in lichten, weißen und hellgrünen Farben und den hier größtenteils noch originalen weiß- und silberlackierten Empire-Möbeln und seinem Übereckkamin mit dezent eingebautem Ofen und Spiegel darüber. Daran angrenzend das ehemalige Toilettenzimmer der Königin, dessen ursprünglich biedermeierlich bunt gestreifte Tapeten derart beschädigt waren, daß Rathenau sich entschloß, es nach seinem Geschmack mit einer silbergrauen Tapete mit breiter, geometrischer Bordüre auszukleiden. Die relativ gewichtige Sofa-Garnitur war ein Ankauf aus dem Düsseldorfer Schloß. An der Wand drei Portraits, auf dem mittleren Elisa Radziwill mit ihrer Mutter.

Von besonderem Reiz der angrenzende kleine Eckraum mit seiner lebhaft geblümten, ockerfarbigen Kattuntapete und den abgerundeten Ecken, die dem Betrachter eine ovale Raumform suggerieren. Von diesem Raum nimmt man an, daß er im Verlauf des 19. Jahrhunderts irgendwann neu tapeziert wurde. Die Möbel hingegen stammen, weil auf die Raumform abgestimmt, aller Wahrscheinlichkeit nach aus der Entstehungszeit des Schlosses. Außergewöhnlich der Blumentisch aus Mahagoni mit Blecheinsätzen und Fayence-Übertöpfen. Am Rande des Bildes links der ursprüngliche Ausgang auf den Eckbalkon.

Supraportal im internen Flur mit floralen Motiven

Im Gegensatz zur Intimität dieser Räume der große Speisesaal, mit seinen rosa und sattgrün gemalten Rosenstöcken an den

Links:
Vestibül mit Blick ins Treppenhaus
Unten:
Innenansicht des Blauen Salons
mit seinen ionischen Säulen

Ansicht des Sommersaals der
Königin mit Enfilade und
Tapetenansicht mit Ausschnitt,
Foto, gebläut, 1942

Speisesaal mit Rosenstocktapete,
von Walther Rathenau renoviert
und teilweise neumöbliert,
und Tapetenansichten, Foto 1942

Oben: Frühstückszimmer
mit abgerundeten Ecken
Unten: Toilettenzimmer der
Königin, durch Walther Rathenau
neu gestaltet

Chinesisches Zimmer, angebliches Sterbezimmer der Elisa Radziwill mit Blumentapete, darin eingeklinkt Medaillons und Bilder mit ländlichen (chinesischen) Motiven, Tapetenausschnitte. Foto 1942

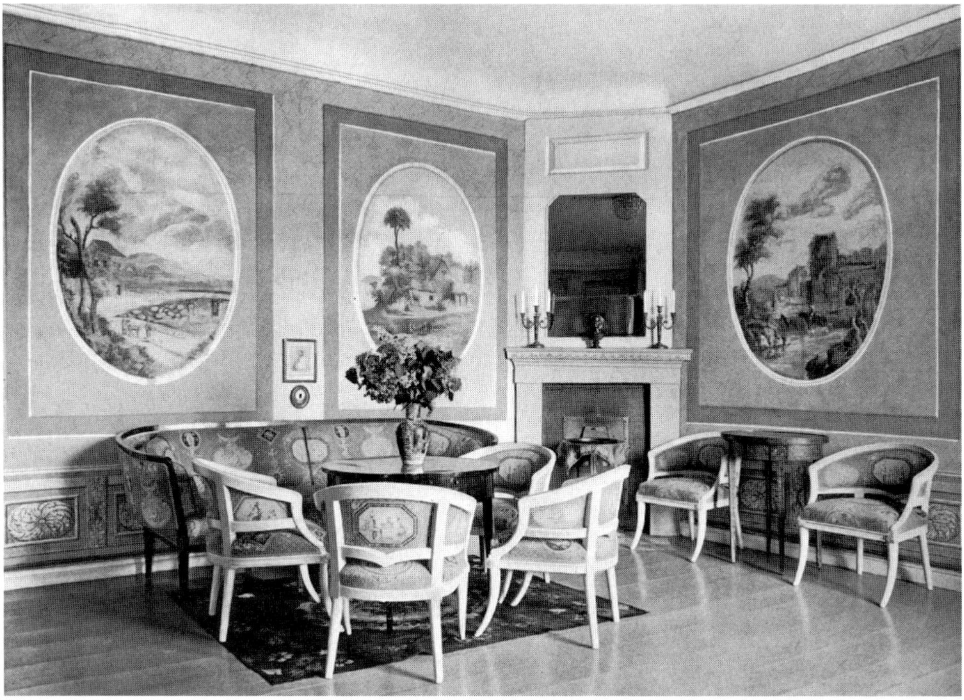

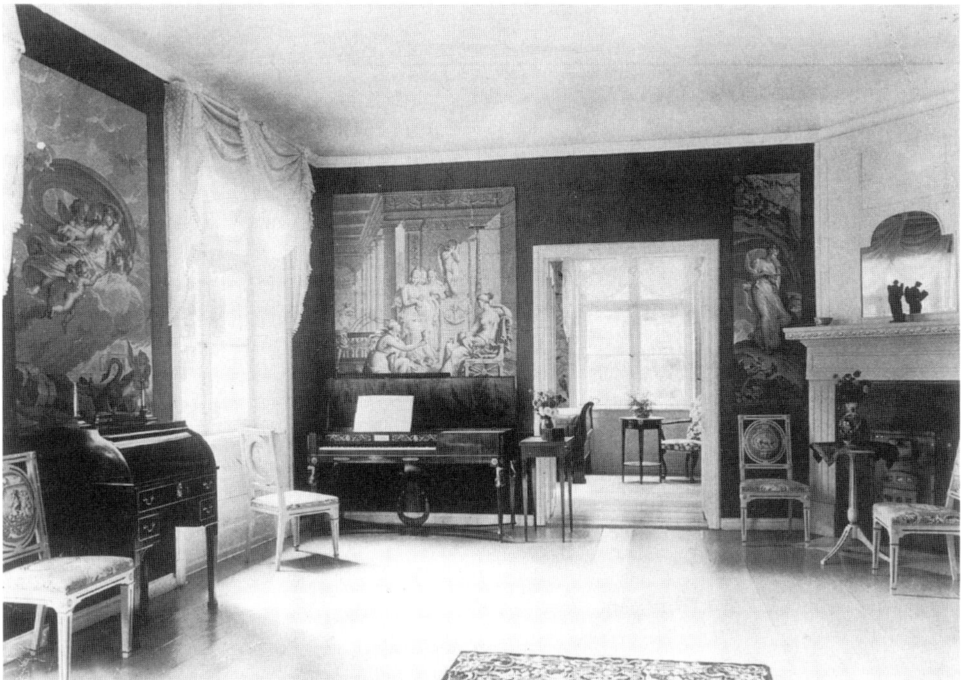

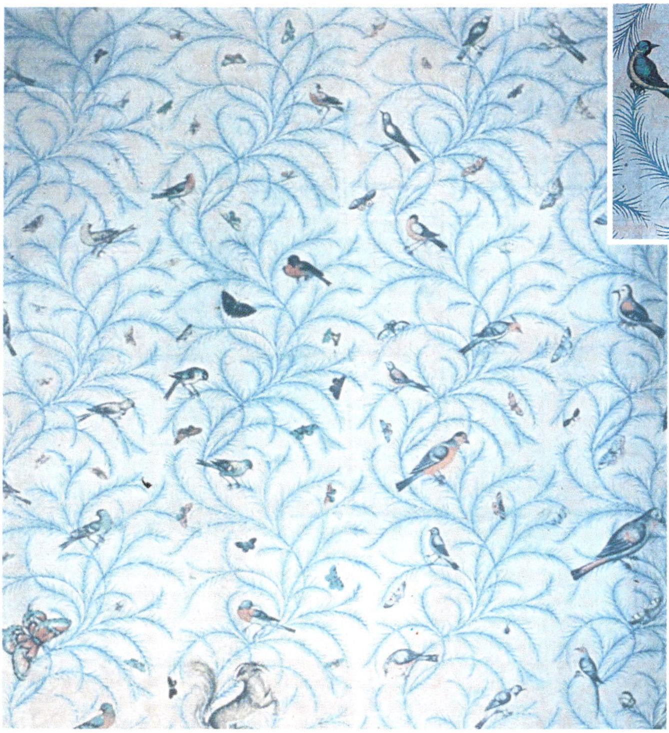

OBERGESCHOSS

Seite 86:

Sitzgruppe im Arbeitszimmer
Walther Rathenaus mit gemalten
Landschaften (Medaillons)
und Musikzimmer mit altem Tafelklavier und Blick in die Bibliothek

Teilansicht des Vogelzimmers
mit abgerundeter Ecke und
Tapetenausschnitte, Fotos 1942

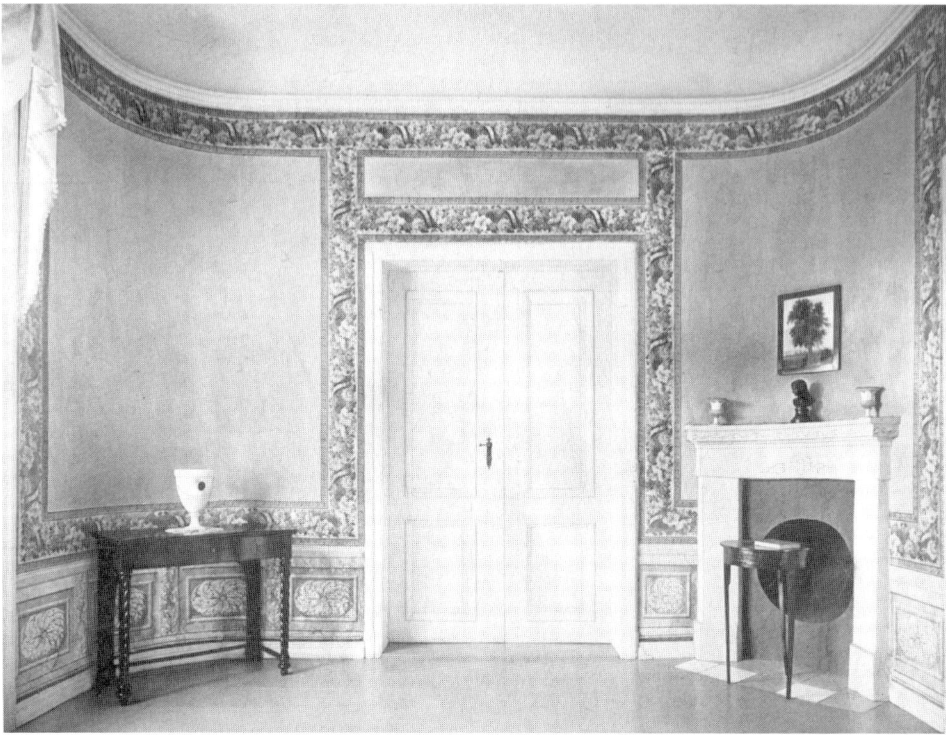

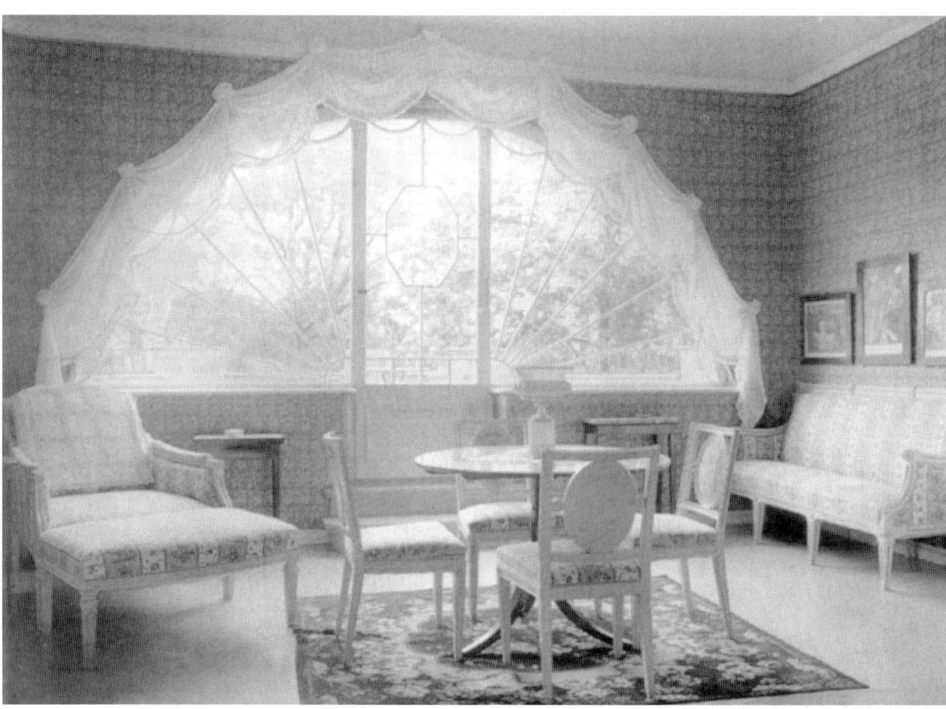

Seite 88: Oben: Rosafarbenes
Schlafzimmer Walther Rathenaus mit
abgerundeten Ecken

Seite 88: Unten: Gästezimmer
mit halbrundem Fenster und Tür auf
den Balkon

Innenansicht des Schlafzimmers
auf der Südostseite des
Schlosses, Pastell W. Rathenau

Seite 90:

Fensterbild, Arbeitszimmer. Aquarell

Fensterbild, Arbeitszimmer.

Spätsommer 1918. Pastell

Wänden, in den Vorhängen und über die Gewölbevoute hinweg auch an der Decke. Nach Hermann Schmitz eine Erinnerung an eine (gotische) »Rosenlaube«, deren zierliches, bunt gepolstertes Gestühl, wie noch zu lesen sein wird, nicht jeden Gast zum Verweilen und genüßlichem Schmausen einlud.

Zu den Zimmern, an denen kaum ein Besucher ungerührt vorüberging, gehörte das bereits erwähnte Sterbezimmer der Elisa Radziwill, in den vierziger Jahren mit einer zarten Blumentapete mit eingelassenen Medaillons mit chinesischen Motiven neu ausgestattet. Nicht unbedingt passend dazu der seitliche Sekretär und die Petit-Point-Stickereien auf den Kissen der schwarzlackierten Möbel.

Durch das Vestibül gelangte man über das unverändert schmale Treppenhaus zu den beiden im Obergeschoß gelegenen modernen Appartements. Als Arbeitszimmer diente Rathenau das auf der Oderseite gelegene ehemalige Kronprinzenzimmer mit weitem Ausblick auf das Oderbruch; geometrisch umrahmten Landschaften und großzügiger Sitzgarnitur, flankiert auf der einen Seite von der Bibliothek und dem mit einer in Lübeck gefundenen französischen Tapete aus dem 18. Jahrhundert ausstaffierten Musikzimmer. An der Wand ein altes Tafelklavier, antikisierende Wandbilder, Rüschgardinen und nobler Sekretär. Von hier aus hat Rathenau zwei Fensterbilder mit dem gleichen seitlichen Bücherschrank mit aufklappbarem Tisch gemalt: einmal helles Licht im Kontrast zu der relativ dunklen Atmosphäre des Musikzimmers, ein zweites Mal in Nahansicht bei halbseitig geöffnetem Fenster, durch das ein leichter Wind hereinweht und die losen Blätter auf der Tischplatte bewegt. Auf dem Stuhl deutlich erkennbar ein Band der im August 1918 edierten Gesamtausgabe seiner Schriften.

Daran angrenzend auf der Nordwest-Ecke das unbeschädigt überkommene Vogelzimmer mit seinem vielfältigen einheimischen und exotischen Arten und den unbehelligt zwischen ihnen herumflatternden Schmetterlingen: Eine Erinnerung an die vielstimmige, sinnliche und symbolische Vogelliebe des Rokoko. Ganz anders das an den Arbeitsraum angrenzende moderne Bad mit angrenzendem rosafarben Schlafzimmer mit floralen

Wandbordüren und wie im Erdgeschoß anheimelnd abgerundeter Ecke als Pastell mit weitgeöffnetem Fenster, Erwachen in hel-
lem Morgenlicht.

Verglichen mit den Räumen des Hausherrn war das auf der
Bergseite gelegene Gäste-Appartement (mit Bad) relativ klein.
Ihm zugeordnet, auch vom Schlafzimmer Rathenaus aus zugänglich, das mittlere Balkon-Zimmer mit seinem halbrunden,
von filigranen Eisenstäben gesicherten Fenster und eingelas-
sener Tür. Generell, so H. Schmitz in seiner Monographie des
Schlosses 1927, sei es Rathenau gelungen, sein Inneres wieder bewohnbar zu machen, wenn man auch von manchen Be-
zügen und Fenstervorhängen, Tischdecken und Fußteppichen
und im Original nur spärlich überlieferten Ziergegenständen,
Kleinskulpturen, Vasen, Lampen, Kuriositäten und den neuen
Tapeten sagen müsse, daß sie der ursprünglichen Einrichtung
nicht voll entsprächen.

Märkische Sommerbilder. Pastelle

Was Schmitz nicht erwähnte, war der vielleicht wichtigste Beitrag
Rathenaus zur Revitalisierung des Schlosses: die jetzt beidseitige
Verbindung des Schlosses mit seinen Gärten. Wieviel sie ihm bedeutete, kann man auch aus der auf ihr vielfältiges Grün abge-
stimmten, außergewöhnlichen Farbgebung des Schlosses able-
sen, aus dem im Sonnenlicht hell glänzenden, rötlichgelben
Pilastern und dem karmesinroten Anstrich der von der Gillyschen
Horizontalen gänzlich befreiten Wänden. Der Dreiklang der Farben kehrt auch auf anderen, überwiegend der Schönheit des
sommerlichen Gartens huldigenden Pastellen wieder. Wo das
von ihm zweimal gemalte Gärtner-Häuschen in natura einmal ge-
standen hat, ist der Topographie nicht zu entnehmen. Wir sehen
es im Kontrast. Einmal blau-gelb mit vorgelagerten lila schimmer-
den Kohlbeet und ein zweites Mal mit lädiertem Fensterladen und
tröstlicher St. Georgskirche im Hintergrund. Für die Grün-Liebha-
ber von besonderem Reiz die Weggabelung auf der Westseite des
Schlosses mit angeschnittenem seitlichen Pavillon und dschun-
gelähnlichem Gewirr der Zweige und Blätter des Weges, den
man in Gedanken gleich begehen wird.

Blick in den Berggarten
mit seitlichem Pavillon

Oben: Teilansicht des Schlosses   Unten:

aus dem Odergarten   Ansicht von Nordwest

Ansicht des Gärtnerhauses
mit Kohlgarten.
Unten:
Gartenweg vor der
Terrassenmauer.

Generell folgen die Bilder der kompositorisch sicheren Hand des
Zeichners und der Freude an effektvollen Farbgegensätzen und
ungebrochenen Farbflächen; dazwischen Lichtreflexe, mal hauch-
dünne Streifen, mal breite Flecken wie sie der junge Liebermann
auf dem Wege seines Waisenhausgartens ausbreitete. Keine
»große Kunst«, gleichwohl Bilder, die die Sehnsucht des Malers
Rathenau nach Veranschaulichung paradiesischer Unschuld
und Schönheit ahnen läßt. Mit seinen nahen und ferneren Ansichten der nahe gelegenen Bürgerstadt gibt Rathenau dem Beschauer zu verstehen: das »liebliche Freienwalde« hat nichts
von der Leichenblässe, mit der die Berliner Expressionisten ihre
Stadtbilder grundierten.

Daß Rathenau in Freienwalde auch die Serie seiner vermutlich
bereits in der Schulzeit begonnenen Selbstportraits fortsetzen
würde, war zu erwarten. Sie zeigen ihn kühl, distanziert in ele-
gantem Hemd, niemals in Freizeitkleidung. In auffälligem Gegensatz dazu das Gesicht der Mutter, wie Ursula von Mangoldt
sie kannte: herb, hart, bitter geworden, für Rathenau nach dem
Tod seines Vaters eine Sohnespflicht, der er sich nicht entzog.

Ansicht des Gärtnerhauses mit
lädiertem Fensterflügel,
in Bildtiefe die Nikolai-Kirche

Natürlich war Rathenau nach vollbrachtem Werk wie jeder Bau-
herr stolz auf sein Schloß. Gleich nach Beendigung der Arbeiten
ließ er nach eigenen Aufnahmen Postkarten anfertigen, mit denen er zur Besichtigung einlud. Die Schwarz-Weiß-Fotos wurden
von dem Berliner Star-Fotografen Franz Kullrich 1911 aufgenommen, als sich der Garten erstmals in vollem Flor zeigte. Dreizehn
großformatige Ablichtungen legte Rathenau in eine Mappe ein,
die er in den folgenden Jahren zu besonderen Gelegenheiten
seinen Freunden und auch dem Kaiser zukommen ließ, der angeblich erst durch sie von dem Verkauf »seines« Schlosses erfuhr.

Gastfreundschaft in Freienwalde

Die ersten Besucher des Schlosses waren Max Liebermann und
Carl Fürstenberg mit ihren Familien. In dessen, von seinem Sohn
Hans überarbeiteten, 1930 erschienenen »Lebensgeschichte eines deutschen Bankiers« erinnert er sich: »Die Gartenarbeiten
waren noch im Gange, als ich mit Frau und Kindern und Max Liebermann mit Frau und Tochter Walther einen ersten Besuch in

Blick aus dem Schloßgarten
auf die Nachbarhäuser und die
St.-Georgs-Kirche.

Freienwalde abstattete. Der kleine märkische Badeort, den ich in meiner Jugend mehr als einmal besucht hatte, lag in freundlichem Sonnenschein. Die Bäume fingen eben erst an zu grünen. Unter diesen Umständen trat die Gartenarchitektur in dem neu angelegten Teil des Freienwalder Schloßparks noch recht unvermittelt zutage. Die hohe Gestalt Rathenaus ließ die neu angelegten, niedrigen Hecken noch winziger erscheinen. Mit seinem langen Schritt eilte er mühelos über sie hinweg, als er uns entgegen kam … Wir verlebten damals einige nette Stunden in Freienwalde, wenn ich auch gestehen muß, daß das Haus nach meinem Geschmack zum großen Teil zu museumsartig wirkte, um wohnlich sein zu können. Die gleichmäßige Aufstellung der Möbel entlang den Wänden mochte zwar dem Stil des Zeitalters, in dem das Haus gebaut worden war, entsprechen, lud aber den Besucher nicht gerade zum Verweilen ein. Freilich gab es manche Ausnahmen. In mehreren Zimmern hatte Walther so viele hübsche kleine Möbel und Gegenstände aus der Zeit der Königin Luise zusammengestellt, daß die Atmosphäre angenehm belebter Wohnräume entstand. Im übrigen war Walther, so große menschliche Eigenschaften er auch besaß, niemals besonders stark durch die Gabe ausgezeichnet gewesen, Gemütlichkeit auszustrahlen.«[28]

Blick auf die Gärten und Dächer der Nachbarhäuser

Wesentlich von Freienwalde beeinflußt war nach Fürstenberg das von Rathenau selbst entworfene Haus an der Koenigsallee in Berlin-Grunewald. Dieser Bau sei in seinen Ausmaßen absichtlich bescheiden gehalten worden. Walther habe bereits damals damit gerechnet, daß das prächtige Wohnhaus, welches sich sein Vater in der Victoriastraße errichtete, später einmal zu seiner Verfügung stehen werde. »Bescheiden« ist das erhaltengebliebene, heute von einem Verlag genutzte Haus am Rande des Grunewalds nur bedingt. Doch inmitten des »Stilwirrwarrs« der mit allen Ländern und Jahrhunderten liebäugelnden Millionärsvillen der späten Kaiserzeit war es für den feineren Geschmack nach Max Osborn sicher »ein Labsal, ein berlinisches Landhaus, ein Wahrzeichen, ein Trost.«[29] Nach den von Osborn

Rathenau-Villa im Grunewald.

Entwurf Walther Rathenau mit

Johannes Kraaz

Unten:

Ansicht des Haupteingangs

überlieferten Grundrissen und Ansichten de facto ein nobles neoklassizistisches Landhaus. Im Erdgeschoß geräumige Wohnungen für den Diener und ein Hausmädchen. Insgesamt ein betont zurückhaltendes Bauwerk, zur Straße hin symmetrisch gegliedert, auf der Rückseite in den Garten hinein ein geräumiger,

auf den Grunewald ausgerichteter Balkon mit freistehender Außentreppe. Über der schmalen, conchenartig zurückgesetzten Eingangstür ein breiteres, von Halbsäulen dekoriertes Fenster mit zwei seitlichen Rosetten über dem wie ursprünglich in Schloß Freienwalde umlaufenden Rankenfries. Im Innern sah sich der Besucher im Vestibül von dem »Betenden Knaben« aus der Schule von Lysipp empfangen, einer Marmorkopie der Bronzestatue auf der Terrasse von Sanssouci. Seitlich links wie in Freienwalde ein langgestreckter, auf die Gartenterrasse hinausführender Salon mit zwei auch hier die Raumflucht unterteilenden ionischen Säulen. Auf der gegenüberliegenden Seite im Erdgeschoß ineinander übergehend: Geschäftszimmer, Bibliothek, Musikzimmer. Im Obergeschoß ein großräumiger Flur mit kleiner Bildergalerie und weißem Kachelofen. Das Eßzimmer großräumig ins Dachgeschoß hinaus überwölbt, der Vorraum auch als kleines Eßzimmer genutzt – ein intimes Kabinett, von Robert Walser gestaltet und mit Rokoko-Motiven ausgemalt.

Blick in den kleinen Speisesaal, gestaltet von Robert Walser

In Freienwalde war Fürstenberg nicht der einzige, der sich von der musealen Atmosphäre des Schlosses nicht angesprochen fühlte. Auch der zeitweilige Adjudant des Kronprinzen Gustav Steinbömer, mit dem sich Rathenau während des Krieges befreundete, vermochte in ihm nicht warm zu werden. Als Autor und Dramaturg der Reinhardt-Bühnen erinnerte er sich nach dem Kriege (1924): »Jedesmal, wenn ich in Freienwalde war und in einem der sehr einfachen Gastzimmer im Obergeschoß logierte, wo auch seine eigenen fast puritanischen Schlaf- und Arbeitszimmer lagen, bewegte es mich, wie er seinen Wunschtraum mit dieser preußischen Vergangenheit möbliert hatte, ohne ihn doch selbst zu bewohnen. Wenn ich in den musterhaft assoziierten Räumen des Erdgeschosses mit den handgemalten Tapeten und Landschaften, mit den bunten Gardinen vor den tiefreichenden Fenstern, zwischen Kommoden und Spiegeln, Vasen und Bildern herumging, hatte ich das Gefühl, ohne Filzpantoffeln für Schloßbesichtigungen nicht hinreichend ausgerüstet zu sein. Ich scheute mich, mich auf die blumigen Bezüge der sanft geschwungenen Möbel zu setzen oder in dem ergötzlichen chinesischen Salon mit seinen zopfischen Zierlichkeiten auf einem der verschnörkelten Stühlchen Platz zu nehmen. In dem lichten Speisesaal mit seiner über Wand und Decke, Sesseln und Sofa fortblühenden Blattdekoration saßen wir mehr zum Beschauen und Bewundern als zum Essen.«[30]

Rathenaus Arbeitszimmer
in der Grunewald-Villa

Ganz anders der Eindruck Harry Graf Kesslers am Karfreitag 1911. In seinem Tagebuch lesen wir: »Mit Rathenau und Musch (Raoul) Richter im Auto nach Freienwalde hinausgefahren. Das Schlößchen, das für die Königin Luise gebaut oder eingerichtet und vom Kaiser an Walther Rathenau verkauft worden ist, atmet noch ganz den Geist der halkyonischen Jahre vor Jena, der schillerndsten, geistigsten, leichtesten Zeit Preußens. Ein in Weiß und Silber gehaltener Salon mit gemalten jungen Bäumen und Blattwerk auf den weißen Wänden ist ein Juwel dekorativer Kunst. Etwas so Reizendes und Feminines, wie es sonst kaum irgendwo existiert; man fühlt sich der Frau in der Königin Luise ganz nah, als ob sie kaum hinausgegangen wäre. Auch ein kleiner gelber Salon mit chinesischen Reisbildern an den Wänden und Möbelüberzügen, die ›im chinesischen Geschmack‹ von den Hofdamen gestickt wurden, hat einen merkwürdigen, etwas hinter der Königin Luise zurückliegenden Zeit-Parfüm, der aber noch, wie man fühlt, bis in ihr Hiersein hineingedauert haben muß. Rathenau hat alles sehr taktvoll wiederhergestellt, und ich verstehe jetzt erst auch sein merkwürdiges Grunewald-Haus, das eine Art von unbeabsichtigter Karikatur von diesem Freienwalder Schlößchen ist. Alles, was hier leicht, lebendig und frauenhaft ist, ist dort theoretisch, affektiert und ungeschickt nachempfunden ... Immerhin hat sich Rathenau durch die Wiederherstellung dieses Schlößchens ein wirkliches Verdienst erworben; man steht plötzlich einer ganzen Epoche der preußischen Geschichte unmittelbar gegenüber, als ob man sie miterlebt hätte; und zwar gerade an der am meisten mißverstandenen, am meisten verleumdeten Epoche.... Nachmittags nach Berlin zurück ... in die ›Matthäus Passion‹«.[31]

Ähnlich Georg Hermann (Borchardt) in seiner in der Ullstein-Zeitschrift »Die Dame« veröffentlichten Reportage. Auch ihn beeindruckte die Wohnlichkeit des Hauses, mehr aber noch seine Lage: »Durchblicke von der Oder her auf die Achse des Schlosses sind geschaffen worden. Der alte Gedanke, daß Park und Haus eins, daß der Park sich in das Haus und das Haus in den Park fortsetzt, ist neu betont und unterstrichen worden. Das künstlerische Leitmotiv des Empire ›Überall ein Genug, nirgends ein Zuviel‹ kommt in jeder Linie klar zur Geltung.« Ihm gefallen auch die Innenräume, die Tapeten mit ihren Büschen und schlankstämmigen Bäumchen und den Chinoiserien und die Möbel und Wände: »Welch ein künstlerischer Mut, so ein Zimmer ganz auf Rosen zu stellen. Und welch künstlerischer Takt, dabei nicht unruhig zu werden ... Selten oder nie ist ein Zimmer ein langweiliger viereckiger Kasten. Jedes ist gegen das andere durch Grundriß und Anordnung von Decke, Fenster, Kamin, Spiegelecken abgestimmt und ebenso bei aller Ähnlichkeit die Formen der Möbel, ... ob das nun Mahagoni oder Weiß mit Gold ist, fast nie ein Stück wie das andere. Tausende feine Unterscheidungen in Höhe, Form, Linie. Kein Tischchen und mag's noch so bescheiden am Fenster stehen, das an Massenarbeit erinnert. Jedes hat seine individuelle Seele. Und ihm scheint eingehaucht ein Stückchen, ein Quentchen von der Seele seines Besitzers.«

Während die Besuche in Freienwalde nach Stillung der ersten Neugier langsam verebbten, nahmen die Gastereien in der Koenigsallee bis Kriegsausbruch kein Ende. Rathenaus Spezialität waren Einladungen zum »Frühstück« und Abendessen, an sie erinnerte sich Franz Blei, ein Freund Robert Musils, rückblickend nicht ohne Bosheit: »Das Abendbrot, das es da gab, war in quantum und quale so bescheiden, daß wohl auch andere als Max Scheler, der gern gut und viel aß, nach der ersten Erfahrung von Flunder, Hammelkotelett und zitterndem Eierstich – es gab nie was anderes – nur so taten, als ob sie äßen, weil sie das schon zuvor besorgt hatten. Aber nach dem Spitzglas Champagner, das der Diener nicht mehr nachfüllte, kam aus unerschöpflichen Kannen schwarzer Kaffee, die Gäste wachzuhalten bis in den frühen Morgen für die Gespräche ...«

Rathenau wußte natürlich, daß seine Hauswirtschaft im Grunewald und in Freienwalde Grenzen hatte. Aus diesem Grunde lud er, wenn es, wie im Falle von Claire und Hugo Stinnes, mehr sein mußte, als er zu bieten hatte, wie zuvor in den Kaiserlichen Automobil-Club ein, wo er, wenn gewünscht, auch über ein Separée verfügte.[32] Das war Berlin.

Freienwalde dagegen war für Walther Rathenau eine andere Welt, sein Refugium, ein Stück Erde und ein Haus, in dem er sich sehr wohl fühlte. Es war auch ein gastfreundliches Haus, in das er in den ersten Jahren nach seinem Erwerb gern Freunde einlud, obwohl es sich als Herberge für mehr als einen Gast nicht eignete und auch sein Diener Hermann, wenn er mit hinaus kam, auf größere Gesellschaften nicht eingestellt war. Es blieb zumeist bei einfachen Mahlzeiten und auch die Zahl der Gäste hielt sich in Grenzen. Aus seinem Tagebuch und seinen Briefen wissen wir, es kamen im Jahre nach 1910 außer den bereits Genannten, die Eltern und die Schwester Edith mit ihrer Familie und Felix und Lili Deutsch, Frau Bethmann-Hollweg zum Tee und ein afrikanischer Nabob in Begleitung eines Vertreters des Auswärtigen Amtes. Danach im Jahre 1911/12 die Malerin Dora Hitz, August Gaul und August Endell, Werner Sombart, Peter Behrens Robert Guthmann, die Moslers und die Museums-Direktoren Alfred Lichtwark, Gustav Pauli und der Leiter der Leiter National-Galerie Ludwig Justi, zu geschäftliche Besprechungen Paul Jordan und Eberhard von Bodenhausen. Die Liste ließe sich fortsetzen.

Eine Pointe am Rande: Daß der 1868 mit einer Mark in der Tasche aus Danzig nach Berlin gekommene Großbankier Carl Fürstenberg sich unter den preußischen Königinnen nicht auskannte, ist verständlich. Daß auch der zwischen London, Paris und Berlin pendelnde Kosmopolit Harry Kessler an den Frauen der preußischen Könige nicht sonderlich interessiert war, mag dahin gestellt bleiben. Daß sich auch, was hier nicht weiter ausgeführt werden kann, die Direktoren der Hamburger und Bremer Kunsthalle Alfred Lichtwark und Gustav Pauli und der Tschudi-Nachfolger an der Berliner Nationalgalerie Ludwig Justi (1908-1934) sich in Freienwalde in einem Luisen-Schloß zu Gast wähnten, verrät wie dicht der Luisen-Mythos die klügsten Köpfe umnebelte und daß exzellente Kenntnis der malerischen Bildwelten aller Zeiten damals wie heute nicht unbedingt mit entsprechender Kenntnis der Baugeschichte einherging. Daß Rathenau seine prominenten Gäste nicht aufklärte, versteht sich von selbst. Diese Art von Belehrung war nicht sein Stil. Außerdem: der Luisen-Mythos hob auch ihn.

Stille Tage – keimende Sorge

Wie schnell Rathenau sich in das Schloß einlebte und was es ihm bedeutete, geht aus einem Brief hervor, mit dem er einen Bericht seiner schwedischen Freundin Minka Grönwold über den Wintereinbruch in ihrem Land beantwortet. An sie schreibt er am 13. November 1910 aus Freienwalde: »Auch hier liegt Schnee, ein dunkler Zuckerstaub zwischen den Stämmen, die ich zum erstem Mal dies Jahr fast entlaubt finde. Jetzt sinkt in tiefer Bläue hinter den Scheiben der Abend herab und deckt langsam die Ferne zu, das Haus ruht still der Winternacht entgegen ... Berlin liegt bis morgen früh in weiter Ferne, auch das Haus, das jetzt langsam vorrückt und im Dezember sich öffnen soll. Je mehr ich unter diesen Bäumen am Rande der Waldhügel und der breiten Oderebene heimisch werde, desto mehr wird die Stadt zu einer Werkstatt, die sich auf Stunden auftut und schließt.«[33]

An diesem und den folgenden Wochenenden dürfte er, in Berlin vorübergehend »obdachlos«, den ab Januar 1911 in drei Folgen erscheinenden Artikel über »Staat und Judentum« geschrieben haben, der sich speziell mit dem Problem der Judentaufen befaßte. In ihm kommt er einleitend erneut auf die seit dem Jahre 1907 wiederholt kritisierte Nichtbeteiligung der Wirtschaftsgesellschaft an der Regierungsgewalt zurück; jetzt zugespitzt auf die Nichtbeteiligung von Juden, von ihm als Diskriminierung der jüdischen Minderheit angesehen. Sie sei »rückständig, falsch, unzweckmäßig und unsittlich«. Die deutschen Juden, so sein Argument, trügen einen erheblichen Teil des Wirtschaftslebens, einen unverhältnismäßigen Teil der Staatslasten und der freiwilligen Wohlfahrts- und Wohltätigkeitsaufwendungen auf ihren Schultern. Ein Industriestaat von der Bedeutung des deutschen Reiches bedürfe aller seiner Kräfte, der geistigen und materiellen; er könne auf die Potenz seiner Juden nicht verzichten. Tatsache aber sei, den deutschen Juden treffe nach wie vor ein sozialer Makel: »In die Vereinigungen und den Verkehr des besseren christlichen Mittelstandes wird er nicht aufgenommen. Zahlreiche Geschäftsunternehmen schließen ihn als Beamten aus. Die Universitätsprofessur ist ihm durch stille Vereinbarung versperrt, die Regierungs- und Militärlaufbahn, der höhere Richterstand durch offizielle Maßnahmen.« Alsdann folgt der bereits zitierte

Text über das traumatische Erlebnis eines jeden jungen deutschen Juden, das er persönlich durch seinen Aufstieg zu einem der bedeutendsten Industriemagnaten jener Tage und die Anerkennung seiner politischen Schriften de facto überwunden hatte. Einem Vertreter des benachbarten Landadels, zu dem er in Freienwalde kaum nachbarliche Beziehungen pflegte, hielt er entgegen: »Als Ihre Familien den Staat schufen, da trugen Sie ihn auch, denn der Staat war ein Agrarstaat und Sie besaßen den Grund und Boden. Heute tragen Sie ihn nicht mehr, denn Preußen sowohl wie das Reich sind Industriestaaten geworden ... Sie werden nicht leugnen können, daß Handel und Industrie, die entscheidenden Faktoren unserer Wirtschaft, auf dem Bürgertum und nicht zum mindesten dem jüdischen Bürgertum beruhen und deshalb können Sie den Elementen, die die Wirtschaft erhalten, auf Dauer nicht die Mitwirkung an der Verwaltung versagen.«

Doch, damit man ihn nicht mißverstehe: »Ich kämpfe nicht für den jüdischen Reserveleutnant. Ich bedaure auch nicht den Juden, der sich staatliche Verantwortung wünscht und sie nicht erhält. Wer Einlaß erbittend sich an Stellen begibt, wo man ihn nicht haben will, tut mir leid ... Ich kämpfe gegen das Unrecht, das in Deutschland geschieht, denn ich sehe Schatten aufsteigen, wohin ich mich wende. Ich sehe sie, wenn ich abends durch die gellenden Straßen von Berlin gehe; wenn ich die Insolenz unseres wahnsinnig gewordenen Reichtums erblicke; wenn ich die Nichtigkeit kraftstrotzender Worte vernehme oder von pseudogermanischer Ausschließlichkeit berichten höre, die vor Zeitungsartikeln und Hofdamenbemerkungen zusammenzuckt ... Seit Jahrzehnten hat Deutschland keine ernstere Periode durchlebt als diese; das stärkste aber, was in solchen Zeiten geschehen kann, ist: das Unrecht abtun. Das Unrecht, das gegen das deutsche Judentum und teilweise gegen das deutsche Bürgertum geschieht, ist nicht das größte, aber es ist auch eines. Deshalb mußte es ausgesprochen werden.«[34]

Rathenaus Freude an Freienwalde blieb nicht ungetrübt. Gleich nach der ersten Nacht in seinem neuen Haus in der Koenigsallee erhielt er einen Brief des niederländischen Botschafters in Berlin, in dem dieser ihm mitteilt, daß die Königin Wilhelmina den Wunsch habe, die seit mehr als hundert Jahren im Berggarten des Schlosses ruhenden Gebeine der kleinen Prinzessin Pauline in die königliche Grablege nach Delft zu überführen. Rathenau war überrascht, bestürzt und betroffen, machte gegenüber dem Grafen Eulenburg, der in die Angelegenheit verwickelt wurde, rechtliche, sogar völkerrechtliche Bedenken geltend, kapitulierte jedoch, als dieser ihm zu verstehen gab, daß in dieser Sache der Kaiser das letzte Wort habe und der Überführung bereits zugestimmt habe. Am 6. April war er in Freienwalde zugegen, als die Gebeine der Prinzessin exhumiert, in einen Bronzesarg umgebettet und samt Grabstein (von Schadow) auf den Weg nach Delft gebracht wurden. Anschließend gab es ein »Frühstück« im Kgl. niederländischen Palais, bei dem Rathenau »für sein Entgegenkommen« der Stern zum Kronenorden des niederländischen Königshauses verliehen wurde.

Im gleichen Jahr (1911) nahm er an der Jurierung eines National-denkmals für den Reichsgründer Otto Graf von Bismarck teil, das anläßlich der hundertjährigen Wiederkehr seines Geburtstages auf der Elisenhöhe bei Bingerbrück errichtet werden sollte. Dafür wurde bereits im Jahre 1909 ein reichsweiter Architektenwettbewerb ausgelobt, zu dem bis Oktober 1910 mehr als vierhundert Entwürfe eingingen; überwiegend Kolossalbauten, über die Fritz Stahl im »Berliner Tageblatt« nach der Vorbesichtigung in der Düsseldorfer Stadthalle schrieb, nicht nur der gute Geschmack, auch der gesunde Menschenverstand werde durch sie beleidigt: »Das ist nicht mehr Verehrung, sondern Vergötzung, was hier von Hunderten mit dem Helden getrieben wird«. Die Jury unter dem Vorsitz des Hamburger Kunsthallen-Direktors Alfred Lichtwark vergab den Ersten Preis an ein Projekt, das, von Rathenau leidenschaftlich befürwortet, eine offene, runde granitene Pfeilerhalle vorsah; darin, von vier Linden umstanden, eine zehn Meter hohe jugendliche Siegfried-Figur, die Schärfe der Schneide ihres Schwertes prüfend. Sein Skulpteur war der Münchener Bildhauer Hermann Hahn, von dem sich Rathenau zur gleichen Zeit eine Stahlmaske anfertigen ließ; Architekt war der Münchner German Bestelmeyer, damals mit dem Bau des von der deutsch-amerikanischen Bierbrauer-Dynastie Busch/Reisinger gestifteten ersten Kunstmuseums in Harvard/USA beschäftigt.

Gegen den derart stilisierten, von Lichtwark explizit als »Befreier des Volkes von fremdem Wesen« gepriesenen Bismarck wandten sich die Vertreter des vom Bauherren bestellten »Großen Denkmalausschusses«, unter ihnen der Erbauer des Hamburger Bismarck-Denkmals, Hugo Lederer, der Leiter der Gewerbeschulen im preußischen Wirtschaftsministerium, Hermann Muthesius, und der soeben neuernannte Hamburger Stadtbaudirektor Fritz Schumacher. Sie setzten sich für eine geschlossene Pfeilerhalle von Wilhelm Kreis ein, die als Versammlungs- und Weihestätte des deutschen Volkes dienen sollte. Dagegen wandten sich Lichtwark und Rathenau mit einem Schnellschuß, einer Broschüre über den »Rheinischen Bismarck«, ohne Erfolg. Der Preis ging an Kreis, der 1942/43 Gelegenheit erhalten sollte, Heldengedenkmäler en masse für den »Neuen deutschen Ostens« in Polen und Rußland zu projektieren ...

An die von Wagners »Götterdämmerung« umrauschte Wortschlacht zwischen ihm und Rathenau erinnerte sich Schumacher 1934: «Die Verhandlungen wurden zu einem Duell zwischen ihm und mir, in dem Rathenau den Gang der Sache als cliquenhafte Machenschaft der Freunde des siegreichen Architekten darstellte ... Er brauchte einen Drachen, um als Siegfried kämpfen zu können. (Er) ist mir ein interessantes Rätsel geblieben. Ich bin nie einem Menschen begegnet, der in diesem Maße über die Kunst einer bezaubernden Dialektik verfügte. Er hypnotisierte einen großen Teil unseres Kreises, der doch aus den ersten Künstlern Deutschlands bestand, vollkommen. Aber er hypnotisierte auch sich selbst durch die Kunst seiner Worte. Ich weiß nicht, ob ich recht hatte, wenn mir die Wonne dieser Kunst mit der eigentümlichen Tragik gemischt schien, die eintritt, wenn

Bismarck-Nationaldenkmal, 1911
Links: Entwurf von German
Bestelmeyer. Daneben: Entwurf
des Denkmals von Wilhelm Kreis
mit geschlossener Kuppelhalle.
Unten: Modell des Siegfried-
Standbildes von Hermann Hahn.

der Mensch aus seinen selbstgeschaffenen seelischen Räumen nicht herauskann, sondern wie hinter trennenden Glasscheiben in ihnen eingekerkert ist.«[35]

Der Wettbewerb wurde also nicht zugunsten des Entwurfs Hahn/Bestelmeyer entschieden. Aber auch der Sieger des zweiten Durchlaufs – Wilhelm Kreis – ging leer aus. Das Bismarck-Denkmal am Rhein wurde nie gebaut und von Rathenau nicht mehr erwähnt. Zudem war er bereits im März 1911 in das von Harry Graf Kessler initiierte Gründungskomitee für ein Nietzsche-Denkmal in Weimar eingetreten, das, von Henry van de Velde drei Jahre lang geplant, ebenfalls nicht gebaut wurde.

Schmerzlicher als die Nullrunde am Rhein dürfte für Rathenau der Ausgang der von dem Vorsitzenden der National-Liberalen Partei, Ernst Bassermann, unternommene Versuch gewesen sein, ihn für die Reichtagswahlen 1912 als Kandidaten aufzustellen. Rathenau war nicht abgeneigt, wenn er zugleich von der linksliberalen »Freisinnigen Demokratischen Partei« aufgestellt werden würde. Die Parteispitzen waren einverstanden. Das Sperrfeuer kam von der Basis. Aus dem Wahlkreis Frankfurt/Oder meldeten sich Stimmen, die behaupteten, der Name Rathenau wirke auf die Wähler »wie ein rotes Tuch«. Rathenau verzichtete.

Zur Kritik der Zeit: Der erste Bucherfolg

In diesem Sommer verbrachte Rathenau seine Wochenenden zumeist in Freienwalde mit der Überarbeitung und Zusammenstellung älterer, zum Teil bereits gedruckter Texte aus den Jahren 1908 bis 1910, darunter »Unser Nachwuchs«, »Staat und Judentum«, »Promemoria zur Begründung einer Königlich Preußischen Gesellschaft« und zwei Neuschriften: »Zeitfragen und Antworten« und »Zur Kritik der Zeit«. Hier ging es um den Einbruch der industriellen Technik in die Menschheitsgeschichte, die Verdichtung und Vermischung der Völker, die »Auszehrung« der Oberschicht, die Entstehung und Probleme des Proletariats, die Mechanisierung und Entwertung der Arbeit und der großstädtischen Lebenswelten, den Schwund der Religion und der Ideale

– kurz: um ein Kompendium aktueller Probleme auf exakt hundert Seiten zusammengedrängt; darin enthalten ein letztes, nicht in Freienwalde, sondern auf Sylt geschriebenes Kapitel über »Die Sehnsucht der Zeit«, in dem er behauptete, daß auf die skizzierte Entwicklung bereits der Tod lauere und die Menschheit sehnsüchtig nach »Befreiung aus den Ketten ihrer unablässigen Zweckmäßigkeitsgedanken« verlange. »Der Mensch«, so seine Botschaft, »begehrt Glauben und Werte. Er fühlt, daß er Unersetzliches besessen hat; nun trachtet er das Verlorene mit List zurück zu gewinnen, pflanzt kleine Heiligtümer in seine mechanisierte Welt. Aus dem Inventar der Zeiten wird hier ein Naturkult hervorgesucht, dort ein Aberglauben, ein Gemeinschaftsleben, eine künstliche Naivität, eine falsche Heiterkeit, ein Kraftideal, eine Zukunftskunst, ein gereinigtes Christentum, eine Altertümelei, eine Stilisierung. Halb gläubig, halb verlogen wird eine Zeitlang die Andacht verrichtet, bis Mode und Langeweile den Götzen töten.« Abschließend, so sein Sermon weiter, erlaube er sich, diesen Trend »zukunftswärts« zu denken. Und das sah dann so aus: »Ein hundertfach übervölkerter Erdball,

Dachgarten auf dem Verwaltungsgebäude der AEG in der Brunnenstraße in Berlin-Wedding. Architekt: Peter Behrens die letzten asiatischen Wüsten angebaut, ländergroße Städte, alle Entfernungen durch Geschwindigkeiten aufgehoben, die Erde meilentief unterwühlt, alle Naturkräfte angezapft, alle Produkte künstlich hergestellt, alle körperliche Arbeit durch Maschinen und durch Sport ersetzt, unerhörte Bequemlichkeit des Lebens allen zugänglich, Altersschwäche als alleinige Todesart, jeder Beruf Jedem eröffnet, ewiger Friede, ein internationaler Staat der Staaten, letzte Verbindungen mit fernen Gestirnen hergestellt und erhalten ... alles lösenswert und vermutlich dermaleinst gelöst ...«[36] Niemandem mache es Schwierigkeiten, sich dieses Bild künftiger Bequemlichkeit und Gelehrsamkeit auszumalen, nur – wen mache es glücklich?

»Zur Kritik der Zeit« erschien im Januar 1912 und war im Nu vergriffen, so daß es umgehend neu aufgelegt werden mußte und bis 1922 eine Auflagenhöhe von zweiundzwanzigtausend Exemplaren erreichte; entsprechend breit das Presseecho. In der »Neuen Freien Presse« in Wien begeisterte sich Stefan Zweig: »Ein schöner Apostat seines Berufes, verleugnet die Technik als die Heilbringerin der Menschheit ... Der Mensch soll nicht Maschine werden, soll sich ... nicht blenden lassen von der Dynamik der Tatsachen ... Wie Marc Aurel zwischen den Schlachten an den Herdfeuern der Donau seine Kontemplationen, so hält hier ein moderner Kaufmann zwischen den Stunden des Comptoirs und der Sitzungen seine Ansichten über die Zeit fest. Nicht berufliche Stellung, sondern seine Persönlichkeit geben diesen Betrachtungen ihre Bedeutung.«[37]

Auch die meisten anderen Rezensenten richteten ihre Scheinwerfer nicht auf die in dieser Schrift ausgebreitete, nahezu enzyklopädische Gedankenfülle, sondern auf das Phänomen des schriftstellernden, noch dazu politisierenden und gleich in mehreren Künsten dilettierenden Industrie-Magnaten. So auch Bernhard Guttmann in der »Frankfurter Zeitung«. Rathenaus Weltbild der Zukunft, meinte er, spiegele nicht »die Zeit, sondern den Edelanarchismus seines Schöpfers. Ererbtes Recht und ererbte Gesetze brauchen da nicht mehr zu walten, wo der Edelmut des Einzelnen jeden Kampf ausschließen wird.«[38]

Der Soziologe Franz Oppenheimer, damals Berater der von Peter Behrens geplanten Wohnungsbauten der AEG in Hennigsdorf, konstatierte: «Er ist Jude und viel zu stolz und unabhängig, um das sacrificium intellectus der Taufe zu bringen.« Aber er gehöre doch nach Erziehung, Vermögen und Lebensstellung nicht nur zu den upper ten, sondern geradezu zum smart set. Und es kennzeichne ihn, daß er dessen Werturteile nicht nur äußerlich annehme, sondern auch innerlich anerkenne, d.h.: »Er ist Germanomane, trotzdem er Jude ist.«[39] Die schärfste Kritik kam aus einer Ecke, aus der er sie vermutlich am wenigsten erwartet hatte. In dem von Paul Cassirer herausgegebenen »kleinen pan« donnerte Alfred Kerr: «Il donne se male ... ein letzter Begreifer, aber schwach im Takt, ein eitler Mensch und ein sehr innerlicher Mensch. Er läßt sichtbar durchblicken, er sei Techniker, er sei zweitens Physiker, er sei drittens Kaufmann, er sei viertens Bilderkenner, er sei fünftens Musikversteher, er sei sechstens Physiologe, er sei siebentens Volkswirt, er sei achtens Programmentwerfer einer königlich-preußischen Gesellschaft (und etliches mehr) ... Er mag von derlei los wollen – aber nicht können. Das haßt er.«[40]

Kerr täuschte sich. Er, Rathenau, wollte von alledem nicht los. Er wollte darüber hinaus. Dem kam Einiges in die Quere. Im Februar 1912 weilte der englische Kriegsminister Lord Haldane in Berlin, um einen letzten Versuch zu unternehmen, das gefährliche Flotten-Wettrüsten zwischen England und Deutschland zu stoppen. Der Kaiser schien nicht abgeneigt, doch die Admiralität unter Tirpitz torpedierte die gute Absicht. Haldane, der in Göttingen studiert hatte, besuchte die Gräber von Fichte und Hegel auf dem Dorotheenstädtischen Friedhof und fand sie verwahrlost. Wieder in London kontaktierte er seinen französischen Amtskollegen zwecks Vorbereitung einer eventuellen Landung englischer Truppen an der Kanalküste.

Auf einer Gesellschaft im Hause des Admirals Fritz von Hollmann tönte der Kaiser, Haldane sei zwar deprimiert gewesen, aber die Engländer – schließlich habe er eine englische Mutter und werde an der Themse nach wie vor als Friedenskaiser verehrt – würden schon begreifen, daß sie von Frankreich mißbraucht würden und zur Vernunft kommen. Für die fernere Zukunft denke er an ein vereinigtes Europa gegen Amerika. Rathenau, der anwesend war, lobte in seinem Tagebuch die klare und pointierte Darstellung des Kaisers und ließ ihm durch Hollmann eine seiner Mappen mit den Fotos von Freienwalde zukommen. Im April veröffentlichte er in der NFP in Wien einen Artikel »England und wir«, in dem er eine Zollunion der benachbarten Staaten Österreich, Italien, Belgien und der Niederlande unter der Führung Deutschlands anregte, der sich das westliche Europa über kurz oder lang anschließen werde.

Im Februar 1912 besuchte er Gerhart Hauptmann in dessen Sommer-Villa in Portofino, wo dieser ihm riet, seine Arbeit für die Industrie aufzugeben und sich nur noch mit dem zu beschäftigen, was er als sein »wirkliches Leben« ansehe. Rathenau fühlte sich geschmeichelt und winkte ab, noch war er nicht bereit, seine Macht als Organisator der Industriewirtschaft aufzugeben. Anfang Mai traf ihn ein schwerer Schlag. Emil Rathenau, seit längerem an Zucker leidend, erkrankte lebensbedrohlich. Er mußte sich einen Fuß amputieren lassen. Aus mehrtägigem Koma erwachend, verlangte er, daß sein Sohn Walther in den Vorstand der AEG zurückkehre. Dagegen wehrte sich sein Stellvertreter Felix Deutsch. Es gab Auseinandersetzungen, in die sich auch Lili Deutsch und Maximilian Harden einmischten, was Rathenau, abgesehen von der Sorge und Nachsorge um den Vater, psychisch nachhaltig belastete.

Ein beglückendes Erlebnis für ihn war die Bekanntschaft mit Fritz von Unruh (1885-1972), einem Offizier, der, mit seiner militärischen Laufbahn unzufrieden, ein zur Zeit des Hottentotten-Aufstands in Afrika (1904) spielendes Drama, »Die Offiziere«, geschrieben hatte, das, von Max Reinhardt uraufgeführt, seinen Verbleib im Militär in Frage stellte. Rathenau lud ihn ein, zusammen mit ihm an der Uraufführung des bereits etwas abgestandenen Volksstücks »Gabriel Schlichtings Flucht« des fünfzigjährigen »Dichterfürsten« Gerhart Hauptmann in dem kleinen notdürftig reparierten Goethe-Theater in Lauchstädt teilzunehmen, für das Max Liebermann die Bühnenbilder gemacht hatte. In Lauchstädt erlebte tout Berlin eine Uraufführung besonderer Art. Am ersten Abend mußte sie wegen Lichtausfall mehrmals unterbrochen werden, am zweiten gab es einen wolkenbruchar-

tigen Regen, sodaß die Schauspieler das Stück, wie sich Tilla Durieux erinnerte, triefnaß nur mit Mühe zuende spielen konnten. Wenige Tage später brachte Rathenau Fritz von Unruh nach Freienwalde, wo dieser in wenigen Wochen sein zweites Stück »Prinz Louis Ferdinand von Preußen« beendete, das mit dem Ruf der verzweifelten Schwester des gefallenen Prinzen – historisch Luise Radziwill – endet: »Sucht Preußen! Es gibt kein Preußen mehr«. Es wurde von der Zensur umgehend verboten und besiegelte den Abschied von Unruhs vom Militär.

Max Liebermann, Walther Rathenau, Zeichnung für G. Hauptmanns 50. Geburtstag

Angeregt von Unruhs Stück griff auch Rathenau zur Feder und schrieb einen pathetischen »Festgesang zu der bevorstehenden Jahrhundertfeier 1813«. Er begann mit der Klage des Propheten Hesekiel: »Du Menschenkind, so spricht der Herr: das Ende kommt, das Ende über alle vier Örter des Landes ...« und endete mit einem Hymnus auf die Seele des Menschen und des Landes, das er mit den Worten pries: »Blond und stahlblau Korn und Lüfte, Himmelsaugen heiliger Seen, Dunkler Kiefern Waldesgrüfte, Blasser Dünen Schaumeswehen ... Mußte sich der Mensch verschließen, daß das Herz umpanzert bliebe, Endlich darf es überfließen, Land, mein Land, du meine Liebe!«[41]

Sein Poem erschien unter dem Pseudonym Herwarth Raventhal rechtzeitig zur offiziellen Jubiläumsfeier am Geburtstag der Königin Luise am 13. März 1913, an die sich zahlreiche Paraden, Feiern und Feste zum fünfundzwanzigjährigen Dienstjubiläum des Kaisers anschlossen, während ringsum an den Grenzen mit dem Beistandspakt Rußlands für das aus den Balkankriegen gegen die Türkei siegreich hervorgegangene Serbien, der Verlängerung der Wehrpflicht in Frankreich von zwei auf drei Jahre und den ersten englischen Flotten-Landungsmanövern an der französischen Atlantik-Küste die Kriegsfeuer lichterloh aufflackerten.

Im März 1913 veröffentlichte Rathenau unter dem Titel »Eumeniden-Opfer« in der NFP in Wien einen Artikel, in dem er nachdrücklich darauf hinwies, daß England die bevorstehende Erhöhung des deutschen Rüstungsetats zur Verstärkung der Flotte auf fünf Geschwader mit acht Linienschiffen keinesfalls hinnehmen werde. Wiederum beklagte er, daß das fähigste Wirtschaftsvolk der Erde, das Volk der stärksten Gedanken und der gewaltigsten Organisationskraft nicht zugelassen werde zur Regelung und Verantwortung seiner Geschicke. Abgespeist mit kommunaler Verwaltung und wirtschaftlicher Gesetzgebung, erblicke es die Staatsgewalt in den Händen einer kleinen, aber mächtigen Klasse, die zugleich das Wichtigste der einzelstaatlichen Parlamente beherrsche.[42] So gewöhne es sich zwangsweise an den Gedanken, daß eine Regierung nicht anders sein dürfe, als sie war. Den Krieg schloß er nicht mehr aus.

Erst im Oktober 1913 erschien dann sein seit anderthalb Jahren angezeigtes, 386 Seiten umfassendes, mit einprägsamen Randtiteln und Querverweisen versehenes Buch zur »Mechanik des Geistes«, in dem er den zuvor aspekthaft angesprochenen Konflikt zwischen der unaufhaltsam fortschreitenden Mechanisierung der Zivilisation und der Kraft des Geistes als deren Gegenpol zu einem geschlossenen Weltbild zusammenfaßte. Eine Inhaltsangabe würde das Format dieses Buches sprengen. Nur soviel sei gesagt: »Die Mechanik des Geistes« umfaßte den ganzen Globus und das Leben auf ihm von Urbeginn bis zu seiner voraussehbaren Überbevölkerung und den dadurch entfesselten Prozessen der Zerstörung letztlich jeden organischen Lebens, wenn ihm nicht durch den jedem Menschen eingeborenen Geist, seine Vernunft und Moral Einhalt geboten werden würde. Entscheidend für diese Umkehr sei die Abkehr vom zweckhaften Denken zum zweckfreien transzendenten göttlichen Geist; ein Appell im Grunde an jeden Einzelnen, nach Ernst Schulin ein »Erbauungsbuch«, das hohe und höchste Lebenswerte postulierte, ohne auf das konkret Machbare einzugehen. Entsprechend gering war das Interesse an diesem, dem »jungen Geschlecht« gewidmete Œuvre, geradezu vernichtend die Kritik des jungen Robert Musil ausgerechnet in der von Moritz Heimann redigierten »Neuen Rundschau« des Fischer-Verlags. Musil, der Rathenau kurz zuvor persönlich kennengelernt hatte und ihn 1930/31 in seinem Roman »Mann ohne Eigenschaften« als Dr. Arnheim tiefgründig persiflieren sollte, fand, daß Rathenau wieder einmal Hölle und Himmel zerschnitten, jedoch stofflich kaum etwas Neues zu bieten habe, außer »esprithafte Einfälle, schön geschliffene Aphorismen und aperçushaft dargebotene Seelenstimmungen, die von dem ›heutigen Menschen‹ nicht nachvollziehbar seien.«[43]

Natürlich gab es nach dem vorangegangenen Erfolg der »Kritik zur Zeit« und Rathenaus Renommée in Wirtschaft und Gesellschaft aus befreundeten, vor allem professoralen Federn auch positive Würdigungen. Fakt jedoch war, das Buch verkaufte sich schlecht. Noch 1916 stand die erste Ausgabe in den Regalen der Buchhandlungen oder auch nicht.

In der Weihnachtsnummer der NFP kam Rathenau ein letztes Mal vor dem Kriege auf die von ihm vorgeschlagene europäische

Zollunion zu sprechen: was die Nationen hindere, so sein Argument, einander zu vertrauen, sich aufeinander zu stützen, ihre Besitztümer und Kräfte wechselweise zu teilen und zu geniessen, seien nur mittelbar Fragen der Macht, des Imperialismus und der Expansion: »Im Kern sind es Fragen der Wirtschaft ... Verschmilzt die Wirtschaft Europas zur Gemeinschaft, und das wird früher geschehen, als wir denken, so verschmilzt auch die Politik. Das ist nicht der Weltfriede, nicht die Abrüstung und nicht die Erschlaffung, aber es ist Milderung der Konflikte, Kräfteersparnis und solidarische Zivilisation.«

Die Jahreswende 1913/14 verbrachte Rathenau in Rom. »War«, wie er sicher übertreibend seiner Mutter berichtete, »viel bei Bülows«. Lili Deutsch versicherte er, auf ihre Entfremdung seit dem Streit um Emil Rathenaus Nachfolge anspielend, daß er mit ihrer beider »Distanzierung« einverstanden sei, sie aber nie verlassen werde. Die Heilige Nacht verbrachte er im »Erdenmittelpunkt«, in der Peterskirche. Anschließend fuhr er nach Florenz, wo er sich erneut für die Renaissance und »die Kühnheit, das Maß, die Zartheit und die Kraft« des Brunellesci-Doms begeisterte: »Diese Stadt ist im Innersten deutsch.« Wieder in Berlin erwarteten ihn »Zentner von Papier«, die durchgearbeitet werden mußten. Ende Januar oder Anfang Februar gab es »ein denkwürdiges Gespräch« mit dem Reichskanzler Bethmann-Hollweg, in dem dieser sich über die Intransigenz der konservativen Reichspolitik beklagte, ohne auf die Kriegsgefahr einzugehen. Im Februar lud die Frau des Generalstabschefs von Moltke ihn ein, an einem von ihr organisierten Vortrag von Rudolf Steiner teilzunehmen. Er folgte ihrer Bitte, scheint aber von dessen Ausführungen nicht sonderlich beeindruckt gewesen sein.

Am 24. Februar verständigte sich die AEG mit der Stadt Berlin über die von ihm vorbereitete Finanzierung der Hochbahn Neukölln-Gesundbrunnen. Am 12. März traf er im Hause des Eisenbahn-Ministers Breitenbach ein letztes Mal mit dem Kaiser zusammen. Nach seinem Tagebuch-Eintrag tönte dieser: »Zwei Kanzler haben mir zu Füßen gelegen, um die Verfassung (für Elsaß-Lothringen) zu erwirken. Land bis ins Innerste verseucht. Eine chinesische Mauer muß zwischen uns und Frankreich errichtet werden. Wir können den Aufmarsch nicht mehr als abgesichert ansehen.«[44] Rathenau begriff: Auch S.M. befand sich auf Kriegskurs, allen gegenteiligen Versicherungen zum Trotz.

Im April besuchte er in Essen seine neue Freundin Fanny Künstler, die ihn um Hilfe für die Herausgabe eines Buches über Frauenfragen gebeten hatte. »Gern gedenke ich Ihres lieben Heims« schrieb er ihr am 20. April aus Freienwalde, «es hat mich in freundlicher Weise an die behaglichen Hausungen meiner süddeutschen Verwandten erinnert, die in Mainz und Frankfurt seit Menschengedenken an ihrer Stelle wohnten, in duftenden Zimmern mit alten Erinnerungen, großen Birnbäumen vor den Fenstern, die uns Kinder mit flaschengroßen Früchten entzückten.«[45] Verklärte Kindheit, Erinnerung als Nothelfer? Auch die Pfingsttage verbringt er in Freienwalde. Von dort schreibt er wiederum an Fanny K: »Seit gestern bin ich hier …, leider noch nicht auf Lange. Es ist Arbeit in Berlin zurückgeblieben. Noch fühle ich, ich kann den Winter nicht abschütteln. Bäume und Hügel umgeben mich wieder, aber ich bin noch zu dumpf und stumpf, um ihre Sprache zu verstehen; das Herz atmet noch kurz und flattert in dem langen Wellenschlag der Natur.«[46] Dann Anfang Juni an Fritz von Unruh: »Ich weiß leider immer noch nicht, wo ich mein Domizil habe. Die Hauswirtschaft ist hier. Aber ich meistens nicht. Deshalb ist noch keine ruhige Arbeit möglich. Wäre der Frühsommer nicht so sonnig, so wäre ich recht deprimiert.«[47] Doch Ende Juni hat er sich gefangen: »Jetzt blühen, nein, fließen die Rosen. Ich muß nachts das Fenster schließen, weil die Linde überquillt und betäubt.«[48]

Er beginnt mit der Niederschrift seines dritten, nimmt man die »Impressionen« und die »Reflexionen« hinzu, fünften Buches, mit dem er den »orthodoxen Sozialismus ins Herz treffen« will, wie er an Karl Joel schreibt, und kommt gut voran. Desgleichen der Garten: »Die Rosen machen jetzt umständlich Toilette für die zweite Blüte. Die Bäume stehen tiefbelastet in blaugrünem Laub; sie haben ihre Früchte empfangen und beginnen vom Herbst zu träumen. Heiße Tage verschleiern den Horizont, und der Abend steigt, noch immer spät, mit flammender Farbe an den Wolken empor. Wenn ich aufstehe, ist längst heller Tag; ich erwache in Sonne«, schreibt er am 7. Juli an Fanny K. Schließlich Ende Juli, als der Krieg fast schon da ist: »Die letzten Tage muß-

te ich in Berlin sein. Nun, da ich heimkehre, finde ich herbstliche
Kälte, und das volle Laub fröstelt und scheint sich auf Sommers
Ende zu besinnen. Ach das Ende ist da, die Tage weichen zurück; in allen Gedanken liegt etwas von Abschied.«[49] Bis zuletzt
scheint er gehofft zu haben, daß sich der »Völkerkrieg«, von
dem er wußte, daß er sein werde wie keiner vor ihm, vermeiden
lasse. Noch am 31. Juli erscheint von ihm im »Berliner Tageblatt«
vermutlich noch »in Sonne«, in Freienwalde geschrieben, ein Artikel, in dem er seiner Hoffnung auf eine »Wende in letzter Mi-
nute« bekundet. Vergeblich.

Krieg und Nachkriegszeit

Am Nachmittag des 1. August verkündete der Kaiser vom Balkon
des Berliner Stadtschlosses herab seinem Volk, daß Deutschland Rußland den Krieg erklärt habe. Am 2. folgte die Kriegser-
klärung an Frankreich. Am 4. erklärte England Deutschland den
Krieg, nachdem die deutschen Truppen zwecks Umgehung der
französischen Maginot-Linie völkerrechtswidrig in das neutrale
Belgien einmarschiert waren, um Paris von Norden her zu er-
obern. Rathenau war entsetzt. Die euphorischen Zustimmungen
nahezu der gesamten deutschen Intelligenz zum Krieg unter-
zeichnete er nicht. Am 6. August wurde er von dem Direktions-
Assistenten der AEG-Kabelwerke, Wichard von Moellendorf, darauf aufmerksam gemacht, daß Deutschland zwar für einen
schnellen Krieg und Sieg bestens gerüstet sei, aber für einen
eventuell länger dauernden, noch dazu an zwei Fronten, weder
über ausreichenden Nachschub noch Rohstoffe verfüge. Moellendorf riet ihm, diesbezüglich im Kriegsministerium vorstellig
zu werden. Rathenau folgte seinem Rat. Am 8. August schrieb er
dem Generalstabschef des preußischen Kriegsministeriums
Scheüch einen Brief, in dem er ihn auf die prekäre Situation
aufmerksam machte. Am Tage darauf wurde er vom Chef des
Generalstabs des Feldheeres, Erich von Falkenhayn, empfangen, und man verständigte sich auf die Einrichtung einer Kriegs-
rohstoff-Abteilung (KRA), die zunächst solche Stoffe organisieren
sollte, die im Lande nicht dauernd oder ausreichend verfügbar
waren. Vier Tage später, am 13. August, saß er im Range eines
Obersten e.h. als Leiter dieser Abteilung im Kriegsministerium

in der Wilhelmstraße, umgeben von einem Kreis von Mitarbeitern aus der AEG , die binnen wenigen Tagen gemeinnützige Kriegswirtschaftsgesellschaften organisierten, deren Zahl sich wie die der Mitarbeiter rasch vermehrte und mit der Beschlagnahmung kriegswichtiger Güter im In- und besetzten Ausland nicht zimperlich waren.

Trotz aller Bedenken: Rathenau war glücklich, seinem Vaterland dienen zu können, zugleich voller Zweifel am Sinn des Krieges und – seiner Beteiligung daran: »Wenn ich tief in mich hineinhöre«, schrieb er vier Tage nach seiner Ernennung an seinen Freund, den schlesischen Dichter Hermann Stehr, »weiß ich, daß ich mich damit zum Werkzeug einer Entwicklung mache, durch die ich dazu beitrage, die Götter zu stürzen, welche die Welt vor dem 1. August anbetete, einer Welt, der ich angehörte und durch die ich wurde, was ich bin: ... ein Saulus, der zwar längst bereit ist, abzuschwören, und dennoch zögert, weil er fühlt, daß er auf dem Wege des Heils eine Welt zurückläßt, die bunter, vielfältiger und alles in allem wohl reicher und glücklicher war als die, die nun anbricht ... Wir stehen vor einer unabsehbaren Periode der Umschichtungen, intellektueller und materieller, einer Periode, ... die vielen als die des europäischen Niedergangs erscheinen wird. Doch nur wo Altes stürzt, kann Neues geboren werden und Menschen – wie Völkergeschicke haben sich noch nie aus Aufgängen, sondern immer nur aus Erschütterungen geboren.«[50]

Auf die nach dem anfänglich siegreichem Vormarsch in Nordfrankreich und den gloriosen Abwehrschlachten gegen die russischen Armeen in Ostpreußen und Zentral-Polen aufflammende Siegeseuphorie und Kriegszieldiskussionen voller Kontributionen und Annexionen neuer Gebiete reagierte er unter der Voraussetzung eines baldigen Sonderfriedens mit Frankreich mit Briefen und mehreren Denkschriften an Bethmann-Hollweg, in denen er vor überzogenen Gebietswünschen und Reparationen warnte und auf sein Mitteleuropa-Konzept zurückkam, dem Friedrich Naumann seinen auf der Achse Deutschland/Österreich/Türkei basierenden Gegenvorschlag entgegenstellte. Der seine wurde als irreal ad acta gelegt, was ihn tief deprimierte. An Fanny Künstler schreibt er am 1. November: »Dieses liebe Land blutet aus allen seinen Adern und keiner von uns kann heilen und stillen ..., (aber) über diesem offenen Schmerz liegt noch ein verborgener, der alles in mir betäubt: wir müssen siegen. Wir müssen! ... und haben keinen entscheidenden Freiheitssinn. Eine Kaste, tüchtig, selbstbewußt, aber der Initiative unfähig regiert uns! Wie anders war der Anspruch auf Einheit, der 1870 bekräftigt wurde. Wie anders die Forderung der Existenz 1813! Ein serbisches Ultimatum und ein Stoß wirrer, haltloser Depeschen! Hätte ich nie hinter die Kulissen dieser Bühne gesehen.«[51]

Ende Januar wird er noch deutlicher: »Der Krieg wird politisch schlecht geführt. Wäre nicht das Volk ungebrochen, hoffnungsvoll und unschuldig, so wagte ich nicht in die Zukunft zu blicken. Ich entfremde mich der Welt; in dieser Zeit war ich sonst sehnsüchtig nach dem Frühjahr und neuem Leben; nun mag es Winter bleiben. Ich fühle kein Ende der Nacht.«[52]

Die winterliche Stimmung kam nicht von Ungefähr, es gab Kräfte in den Reihen des Militärs und der Reichsverwaltung, denen der Jude an der Spitze der Kriegsrohstoff-Organisation ein Dorn im Auge war, was ihm nicht entging. Als der Kanzler im Januar 1915 das Staatssekretariat des neu geschaffenen Reichsschatzamtes, auf das er sich insgeheim Hoffnungen gemacht hatte, an den Direktor der »Deutschen Bank«, Karl Helfferich vergab, beschloß er, seinen freiwilligen Kriegsdienst aufzugeben. Fanny K. gegenüber begründete er seinen Entschluß so: »In meiner Arbeit sehe ich endlich Licht. Der Aufbau ist so gut wie beendet; die Verwaltung kann ich anderen überlassen. Spätestens Mitte März denke ich meinen Mitarbeitern und Nachfolgern die Last zugewälzt zu haben. Dann gehe ich südwärts, soweit es die Kriegsgrenze erlaubt, um auszuruhen. Vorher hoffe ich Sie zu sehen. Sie werden mich verändert finden; denn ich bin alt und müde geworden. Es muß sich im Freien zeigen, ob ich nochmals Lebenskräfte gewinnen kann.«[53]

Am 1. April kehrte er in die AEG zurück, die durch den Verlust ihrer Niederlassungen in den am Kriege beteiligten Ländern und des größten Teils ihrer überseeischen Absatzgebiete mit einem Schlag einen Umsatzverlust von fünfzehn Prozent zu verzeichnen hatte, ihn jedoch durch Umstellung der Hälfte ihrer Produktion auf die Kriegrüstung, ibs. die Herstellung von Zündern und

Flugzeugen ziemlich schnell ausgleichen und übertreffen konnte. Am 20. Juni 1915 starb Emil Rathenau. Die AEG rief ihre Mitarbeiter zu einer Totenfeier in der Schlosser-Halle des von Erich Rathenau aufgebauten Kabelwerks an der Spree zusammen. Einziger Redner der Sohn Walther. Er rühmte den Vater als »einen Mann, der gleichzeitig ein Denker und ein Empfindender, ein Idealist und ein Erfinder, ein Mann der Wissenschaft und der Technik« gewesen sei und schloß seine Rede – die Anwesenheit eines Rabbiners hatte er sich verbeten – mit einem dreifachen jüdisch-christlich gemischten Segenswunsch, der nicht nur die Juden unter den Anwesenden befremdete.

Sehr schnell folgte die Beendigung des jahrelang schwelenden Streits um die Nachfolge des Verstorbenen. Felix Deutsch wurde Vorstandsvorsitzender und Generaldirektor der AEG, Walther Rathenau, Vorsitzender des Aufsichtrats und »Präsident« der AEG; ein Titel, der Aufsehen erregte und für Publicity sorgte. Am 11. Oktober 1915 veröffentlichte die Londoner »Times« einen Bericht über die KRA, in dem diese als »eine der größten Ideen der modernen Zeiten« gerühmt wurde, die zur Folge haben werde, daß die wirtschaftliche Macht Deutschlands nach dem Kriege größer sein werde als die Englands. Dieses »Kriegswunder« sei eine außergewöhnliche Sache. Sie erkläre die große Ostoffensive und die undurchdringliche Westfront. Und – wenn man die Falkenhayns, die Hindenburgs, die Mackensens große deutsche Soldaten nenne, so müsse ihnen eine Persönlichkeit zur Seite gestellt werden, die dieses Wunder bewirkt habe, den »großen deutschen Geschäftsmann Walther Rathenau«. Das Lob aus Feindes-Mund sprach sich auch in Deutschland herum. Im November 1915 hielt Rathenau vor der »Deutschen Gesellschaft 1914« einen Vortrag über die Arbeit der KRA, der mit Sondererlaubnis der Militär-Regierung veröffentlicht wurde und Rathenaus Verdienste um die Kriegswirtschaft auch einem breiteren Publikum bekannt machte.

Für Freienwalde blieben ihm in diesem Jahr nur wenige Wochen. Er nutzte sie für die Niederschrift des zweiten Kapitels seines Buches, ohne es zu beenden. Mitte November stattete er zusammen mit Felix Deutsch der in einem Schloß bei Kaunas (Kowno) campierenden Obersten Heeresleitung Ost einen Besuch ab.

Damit begann, was Wolfgang Brenner in seiner Biographie »Rathenau – Deutscher und Jude«, seinen »Flirt mit Ludendorff« nennt, sein Versuch, über den im September 1916 zusammen mit dem alten Generalfeldmarschall von Hindenburg in die Oberste Heeresleitung (OHL) aufsteigenden Generalquartiermeister seinen Einfluß auf die Politik und die Kriegsführung zurückzugewinnen; insbesondere sein Bemühen, den U-Boot-krieg gegen die Handelsschiffahrt und Amerikas Kriegseintritt zu verhindern. Er scheiterte wie die meisten seiner Ludendorff freimütig offerierten Ratschläge.

Das war 1916 noch nicht vorauszusehen. Im Juli dieses Jahres entzog sich Rathenau der AEG-Arbeit, um in Freienwalde endlich das 1914 begonnene Buch zuende zu schreiben. Am 31. Juli saß er dort an seinem Schreibtisch und blickte über die Baumwipfel vor seinem Fenster hinweg in die farbige Ferne des Bruchs, wo bläuliche Wiesen, weißblonde Felder und silberne Hügelstreifen am Himmelsrand eine reiche Ernte versprachen und begann sein drittes und abschließendes Kapitel mit den Worten: »Heute sind es zwei Jahre, daß ich von der Denkweise meines Volkes mich schmerzlich getrennt fühle, soweit sie den Krieg als ein erlösendes Ereignis wertet.« Die Hoffnung auf einen triumphalen Siegfrieden hatte er aufgegeben, im Grunde nie gehabt. Die richtige Stimmung zum Schreiben ließ auf sich warten: »Ich feile an dem Manuskript in kritischer Verzweiflung ... Die Dinge von außen lasten noch zu schwer«[54], schreibt er seinem neuen Freund Gustav Steinböhmer. In Berlin seien die Kriegsziele verblaßt. Hier, auf dem Lande, gäbe es nur eine Stimme: »Frieden«. Aber den sehe er noch lange nicht. Doch mit dem Schreiben ging es dann bei sinkenden Temperaturen und beginnendem Blätterfall rasch voran. Am 21. Oktober meldete er Steinböhmer: »Mein Buch ist fertig und soll Anfang nächsten Jahres erscheinen. Es wird den letzten Rest meines bürgerlichen Daseins untergraben.«[55] Dazu kam es nicht, im Gegenteil: »Von kommenden Dingen« wurde sein bestes Buch und ein Bestseller, dem der S. Fischer-Verlag durch den Druck seiner vorangegangenen Vorträge über die »Kriegsrohstoff-Versorgung« und »Probleme der Friedenswirtschaft« sowie diverse Vorabdrucke einzelner Kapitel in den Zeitungen unter z.T. reißerischen, zum Teil politisch brisanten Titeln wie »Das Luxusweib«, »Vom Luxus zur Vornehmheit«, »Reichtum und Erbe«, »Demokratie und Monarchie«, »Der Volksstaat« und anderen wirkungsvoll vorarbeitete. Generell ging es ihm in diesem Buch darum, Wege aufzuzeigen, wie sich der alte, kapitalistisch organisierte Obrigkeitsstaat in einen modernen sozialen »Volksstaat« verwandeln lasse. Möglicherweise war es der genius loci in Freienwalde, der ihm als »Vorbild kollektiver Willensverschmelzung« einen Staat vorgaukelte, der imstande sein würde, alles das zu realisieren, was der unvergessene fiktive Staatsrat von der Mühl 1899 seinem Erben als Zukunft hinterlassen hatte: die Ablösung der kapitalistischen Klassengesellschaft durch eine gemeinnützige Wirtschaftsgesellschaft, in der sich das Zusammenleben der von Natur ungleichen Menschen unter ethischen Maximen ohne mechanische Gleichmacherei von Grund auf neu organisiere. Insbesondere gehe es um eine Neugestaltung der Arbeit, die Beseitigung der Armut und die Herstellung von Lebensbedingungen, die jedem Neugeborenen die gleichen Entwicklungs- und Erwerbschancen einräume, um die Schonung elementarer, nicht reproduzierbarer Grundstoffe durch Reduktion der Produktion überflüssiger Güter, die Beschränkung der Erbmöglichkeiten und des Konsums u.a.m. In dem neuen »Volksstaat« so Rathenaus Ideal, dürfe es nur einen Reichen geben: den Staat selbst. Aus seinen Mitteln habe er für die Beseitigung aller Not zu sorgen, dem Geist größtmöglichen Spielraum zu gewähren und den Ungeist der Macht parlamentarischer Kontrolle zu unterwerfen. Letztlich verlangte, erhoffte er eine Neuauflage der romantisch-idealistischen Staatslehre Hegels, die einen großen, singulären Staatslenker nicht ausschloß ...

»Von kommenden Dingen« erschien im März 1917 mit einer Auflage von zwanzigtausend Exemplaren, die nach drei Monaten vergriffen war, so daß weitere neunzehntausend nachgedruckt werden mußten, obwohl das Echo in der Presse wie 1912/13 zur »Kritik der Zeit« eher verhalten war. «Ein bedeutendes, tiefgreifendes Werk«, nannte es Rathenaus alter Lehrer Gustav Schmoller. Er fand in ihm eine weitgehende Übereinstimmung mit seinen eigenen um Jahrzehnte älteren Arbeiten, seine Vorstellung vom »Volksstaat« und vom »Parlamentarismus« allerdings etwas »nebelhaft«. Ähnlich Ernst Troeltsch in der »Vossischen Zeitung« nach ausführlicher Inhaltswiedergabe. »Was denn nun wirklich«, frage er sich: «Idealstaat oder Notstaat«? und gelangte zu dem Schluß: »Das Buch ist gehalten wie eine Denkschrift zur Begründung eines großen Unternehmens mit dem Ziel einer ›radikalen Neugestaltung‹ des deutschen sozialen und politischen Zustands«. Rathenau glaube noch immer an den deutschen Sieg und erwartete einen Idealstaat, der imstande sein werde, alle genannten Mißstände und Unzulänglichkeiten zu beseitigen und allen Menschen ein Leben ohne Not zu verschaffen. Das sei moralisch anerkennenswert, jedoch »in der Tat eine Utopie«. Deutlicher noch Ferdinand Tönnies in der »Neuen Rundschau«, er gestand, er bewundere die Beredsamkeit und Wärme der Darstellung und die idealistischen und sittlichen Überzeugungen des Autors, teile auch den größten Teil seiner Reformvorschläge. Unverständlich sei ihm jedoch seine Ablehnung des Sozialismus, von dem er sich offenbar eine »schreckhafte Vorstellung« gebildet habe. Der sozialdemokratische »Vorwärts« ließ sich dadurch nicht schrecken. Er begrüßte die »zornige antikapitalistische Anklageschrift«, fand sie allerdings, gemessen an dem aktuellen Kenntnis- und Entwicklungsstand der Partei, »etwas veraltet« und in mancherlei Hinsicht übertrieben. Vieles, was in diesem Buche zu lesen stehe, klinge »wie ein Lied aus alten Tagen, aus der Zeit, wo wir nichts waren als leidenschaftliche Ankläger alles Bestehenden und gläubige Propheten einer neuen Zeit (und) nicht wie jetzt schon überlegene Werkmeister am Bau des Neuen.« Auch »Die Deutsche Arbeitgeber-Zeitung« fand, daß die Kritik des Kollegen an den Nichtstuern und Drohnen auf Rennplätzen und anderen Vergnügungsstätten der Vorkriegszeit überholt und maßlos übertrieben sei. Er, der eingefleischte Kapitalist Rathenau, wolle der deutschen Wirtschaft und Gesellschaft eine »Dr. Eisenbarth-Kur« verordnen.

»Von kommenden Dingen« erschien in einer innen- und außenpolitisch extrem kritischen Zeit. Die Sozialdemokratie hatte sich gespalten und den »Burgfrieden« von 1914 aufgekündigt. Der in der Öffentlichkeit kaum noch in Erscheinung tretende Kaiser verkündete eine Osterbotschaft, die für die Zeit nach dem Kriege grundlegende Reformen in Aussicht stellte, ohne sie zu konkretisieren. Amerika trat in den Krieg ein. Damit war für Rathenau endgültig klar, daß er für Deutschland verloren war. Ende

April schickte er dem Reichskanzler eine Denkschrift über »Die künftige Friedenswirtschaft« mit einem »Einschlag sozialer Erfordernisse.« Darin war nicht mehr vom starken Staat die Rede, sondern von Gruppenbildung der einzelnen Industrien unter Mitwirkung der Arbeiter und Angestellten. Am 10. Juli bestellte ihn Generalfeldmarschall Ludendorff in sein Hauptquartier, um sich von ihm über die neue Lage beraten zulassen. Rathenau riet zu vorgezogener Parlamentsreform und Friedensverhandlungen unter Verzicht auf Annexionen. Drei Tage später entließ der Kaiser den Kanzler Bethmann-Hollweg aus dem Amt. Die Militär-Diktatur war perfekt. Rathenau fühlte sich betrogen, mißbraucht, abgehalftert und beschloß seine Ratgeber-Tätigkeit zu beenden. Mit einer Broschüre über »Die neue Wirtschaft« präzisierte er seine Vorstellungen vom künftigen, von Berufs- und Gewerbeverbänden getragenen Staat. Mit einer »Streitschrift über den Glauben« zog er einen Schlußstrich unter das ihn seit Jahrzehnten quälende Verhältnis von Christentum und Judentum. Danach war der jüdische Glaube die »einzige rein deistische, dogmen- und kirchenfreie Religion« und das »Neue Testament« die Botschaft des jüdischen Propheten Jesus. Über einen langen Weg war er zum Glauben seiner Väter zurückgekehrt.

Am 29. September 1917 feierte er mit Kollegen aus der KRA und anderen ihm verbliebenen Freunden im »Adlon«, dessen Küche und Keller auch im dritten Kriegsjahr noch nichts zu wünschen übrig ließen, seinen fünfzigsten Geburtstag und verblüffte sie mit einem Rückblick auf sein Leben, durch das immer ein Riß gegangen sei. Um zu verdeutlichen, was er er meinte, wies er auf die Metapher der Seele in Platons »Phaidros« hin: »Jedes Mal, wenn ich mir das Bild des Wagenlenkers mit seinen beiden starkhalsigen griechischen Vollblütern vor Augen geführt habe, hatte ich ein Gefühl plötzlicher Erleuchtung.« Man erinnere sich, »wie das eine Pferd sich bäumt, den Zügel packt, schäumt und schwitzt, sich zusammenreißt, biegt, auf die Hinterbeine setzt und stutzt und dann wieder hinweg fliegt. Der Wagenlenker muß sich zur Seite beugen, um der Kurve nachzugeben, und dann geht das Spiel auf der anderen Seite mit dem anderen Gaule los.« Von dem er nicht sagte, wie er gebändigt wurde: »Dieses prachtvolle Bild«, so sein Schlußsatz, sei wohl für ein so kleines Leben, wie das seine, ein zu hohes, aber er habe es sich immer wieder aneignen müssen, »um etwas von dem zu verstehen, was mir zugedacht war.«[56] Tatsache war, der Geburtstag war für ihn kein guter Tag. Er war alt geworden, total vereinsamt und zutiefst deprimiert.

Samuel Fischer bot ihm an, »Von kommenden Dingen« als Volksausgabe nachzudrucken. Er winkte ab, schlug stattdessen eine Gesamtausgabe seiner Schriften vor. Fischer war einverstanden. Damit begann für Rathenau eine Kärrnerarbeit: die Durchsicht und Ordnung des Geschriebenen, vereinzelt wohl auch seine Umarbeitung. Damit beschäftigt erreichte ihn Mitte März 1918 ein Brief von Rainer Maria Rilke, mit dem dieser – »nicht mit der Tür, sondern mit dem Tor in Haus fallend« anfragte: »Können Sie mich rasch, für ein paar Monate den Menschen und Zeitungen, dem ganzen Zubehör der Zeit entziehen, und mich in eine ländliche Einsamkeit versetzen, in der ich bis auf Weiteres verborgen bliebe? ... Nach einem vergrämten und verstörten Winter, aus dem ich mich, unter dem Einfluß einer äußeren, sehr fühlbaren Veränderung leichter retten könnte. Ein Zimmer, das in Himmel und Bäume sieht, in dem ich Tag und Nacht laut lesen könnte, ohne gehört zu werden, eine Allee in der Nähe, in der ich arbeitend auf und abgehen dürfte. Dies etwa. Was die Versorgung angeht, so brauche ich nur die bescheidenste, am Liebsten vorwiegend vegetarische Kost, meinetwegen immer das Gleiche ... Ich denke an Freienwalde ...« Dann scheint er sich daran erinnert zu haben, daß es in Freienwalde keinen ständigen Haushalt gab und fügt hinzu: «Vielleicht aber, wenn es in Ihrem großen Hause untunlich ist, sprächen Sie mit unserer guten Frau Boddien? Ja, ich würde Sie sogar bitten, im Ausfall dieser beiden Möglichkeiten, Marianne Friedländer ins Vertrauen zu ziehen, wenn ich nicht dächte, daß die gesellige Art von Lanke von vornherein dem, was ich meine, widerspricht.«[57] Für Rathenau war der Hinweis auf die beiden Damen ein Wink mit dem Zaunpfahl. Er traf Marianne Friedländer zufällig noch am gleichen Abend, und sie erklärte sich bereit, Rilke ihr Haus auf Rügen zur Verfügung zu stellen. Unverzüglich teilte er es ihm mit, mit der Bitte, alles Weitere direkt mit ihr auszumachen, und fügte hinzu:»Freienwalde kam leider nicht Betracht. Dort ist alles verstört und zerrüttet und läßt sich nur notdürftig für die wenigen Wochen herrichten, die ich im Hochsommer dort verlebe.«[58]

Die letzten Monate des Krieges verbrachte Rathenau, durch den Waffenstillstand mit Rußland im Dezember 1917 und dem Friedensvertrag von Bresk-Litowsk wie diverse andere Wirtschaftsbosse in weiterreichende Spekulationen über den künftigen Umgang mit der wirtschaftlich zusammengebrochen Sowjetunion verwickelt, zunehmend deprimiert im Wechsel zwischen Berlin und Freienwalde. Von dort schrieb er im Mai an Lili Deutsch, die ihre Briefe zurückverlangte: »Technisch unmöglich; ich müßte alle meine Behälter durchsuchen; es ist kaum einer da, der nicht eine Erinnerung an Sie enthält ... (und): »Sehr müde bin ich auf ein paar Tage hierher geflüchtet ..., heute habe ich fast den ganzen Tag geschlafen ... Jetzt ist es Abend. Es sind wieder

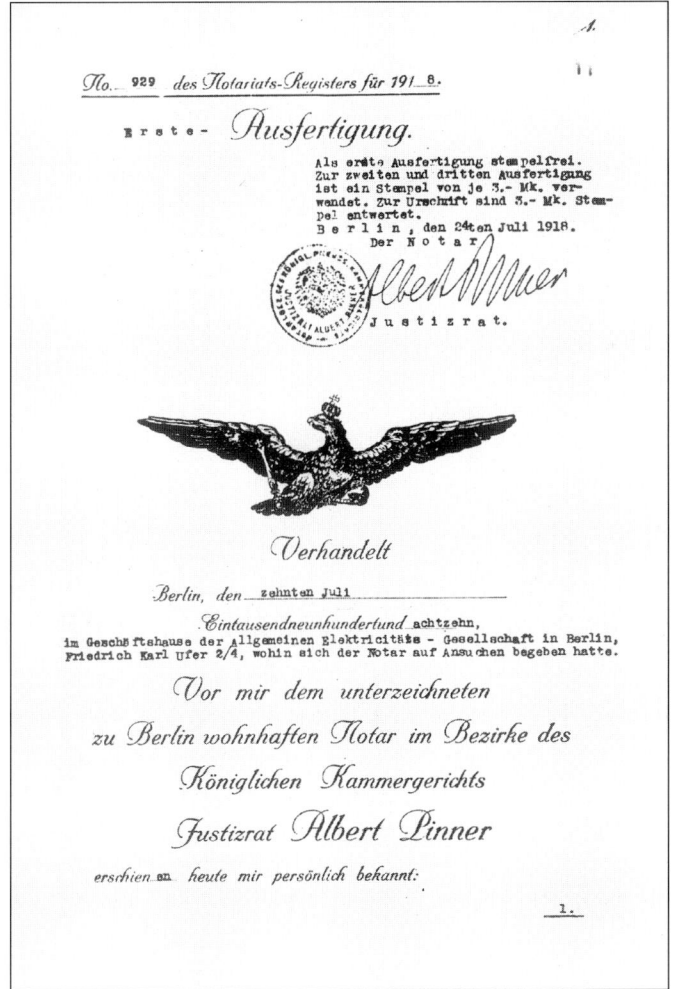

Umwandlung des Schlosses in Walther-Rathenau-Stifts GmbH
1. Ausfertigung des Vertrages

viel Nachtigallen im Garten, aber es ist nicht wie sonst. Etwas Fremdes, nicht zu Ordnendes, schiebt sich dazwischen, Gedanken und Stimmungen zerflattern. Ich fühle nicht, daß Frühjahr ist; kein Erwachen, alles ist ausgesprochen und verrauscht wie im August. Ich weiß jetzt, daß ich das Ende dieser Wirrnis nicht erlebe ... Es ist fast wie eine Beruhigung. Es kommen langsam andere Menschen ... Alles was wir tun, ist zu früh und zu spät. Es befreit mich, wenn ich die große Weite des Horizontes sehe, dann verschwindet das Tägliche, das Zeitlich-Willkürliche.«[59]

Am 15. Juni 1918 bringt er seinen Schloßbesitz mit einem Stammkapital von 2 999 000 Mark und einem Partner, der eintausend Mark beisteuert, in eine »Walther Rathenau Stifts GmbH« »zum Zwecke gemeinnütziger Wirksamkeit auf allen Lebensgebieten, insbesondere der Forschung, Kunst und Erziehung« ein. 1919 wird er sie (ohne Partner) erneuern, ergänzt durch den Zweck: »Erwerb von Liegenschaften«. Wozu die zusätzlichen Liegenschaften, blieb ungeschrieben. Möglicherweise dachte er an ein College zur Förderung des Führungsnachwuchses.

Anfang August begann er mit der Niederschrift einer Broschüre »An Deutschlands Jugend«. Darüber schrieb er wiederum an Lili Deutsch: »Ich ringe den ganzen Tag, und am Abend liegen vier Blätter vor mir. Ich verlasse den Garten nie. Von dem vielen Regen ist die Erde noch immer feucht, die Bäume schwer. Tagsüber ballen sich weiße Wolken und verglühen abends. Nachts schweben zwischen den hellen Fixsternen ganze Berge von halb unsichtbaren kleinen Gestirnen wie Schneeflocken. So klar ist die Luft. Vorgestern mußte ich einen Tag in Berlin sein. Gequält kam ich zurück, und als ich die Gartentür öffnete und in die dunkle Kühle in den ruhenden Raum unter den schweren Baumkronen trat, da fühlte ich, daß ich nur noch eine Sehnsucht habe. Auf meinem Tisch liegen Bücher, kaum geöffnet. Gegen Abend gehe ich manchmal auf den kleinen Berg hinter dem Hause und bringe ein paar Pilze mit zum Abendessen. Wenig Menschen haben mich besucht. Sie finden mich still und gehen bald wieder. Es wird Herbst. Aber glauben Sie nicht, daß ich bedrückt oder traurig bin. Seit Beginn des Krieges sind die Arbeitstage hier meine beste Zeit.«[60]

Der Appell an Deutschlands Jugend begann mit den Sätzen: »Mit Euch ... will ich reden. Den Genossen meines Alters habe ich nicht mehr viel zu sagen. Mein Herz habe ich vor ihnen ausgeschüttet, mein Glauben und Schaun, Vertrauen und Sorgen ihnen vor die Seele gehalten. Viele haben meine Schriften gelesen, die Gelehrten, um sie zu belächeln, die Praktiker, um sie zu bespotten, die Interessenten, um sich zu entrüsten und sich ihrer eigenen Güte und Tugend zu erfreuen. Wenn warme Stimmen zu mir drangen, so kamen sie von Einsamen, von Jungen und von denen, die nicht altern und sterben.« Auf die schrille Klage folgte eine eindringliche Beschreibung der Lage der Nation und die Beschwörung, den Kampf trotz der sich inzwischen abzeichnenden Kriegsniederlage nicht aufzugeben. Am 2. Oktober veröffentlichte er in der »Vossischen Zeitung« einen Artikel, in dem er von der neu gebildeten Regierung Max von Badens verlangte, nicht zu kapitulieren: »Wir haben unser unberührtes Land und unser Heer, unsere Versorgung und unsere Rüstung. Das übrige hängt vom Willen ab ...« Für das am 4. Oktober von der neuen Regierung abgegebene Waffenstillstandsangebot hatte er kein Verständnis. »Ein dunkler Tag«, schrieb er am 7. Oktober in der »Vossischen Zeitung«, »der Schritt war übereilt ... man hat sich hinreißen lassen im unreifen Augenblick, im unreifen Entschluß. Nicht im Weichen muß man Verhandlungen beginnen, sondern zuerst die Front befestigen ... Die Antwort wird kommen.« Sie werde unbefriedigend sein, demütigend, überfordernd ... Die »nationale Verteidigung«, eine »Levée en masse« müsse eingeleitet werden, um die Siegermächte an ein eventuelles Vordringen auf Reichsgebiet zu hindern.

Diese Veröffentlichungen hatten für Rathenau verheerende Folgen. Aus dem vor Jahresfrist noch hoch angesehenen Präsidenten der AEG und Wegweiser in ein neues Deutschland wurde über Nacht ein »falscher Prophet«, »ein Kriegstreiber« und »Kriegsverlängerer«. Vergeblich bemühte er sich mit der Räte-Regierung ins Gespräch zu kommen. Zugleich versuchte er zusammen mit Albert Einstein, Robert Bosch, Friedrich Naumann und anderen Freunden aus der »Deutschen Gesellschaft 1914«, einen über den Parteien stehenden »Demokratischen Volksbund« zu gründen, scheiterte aber nach wenigen Tagen. Den Thronverzicht des Kaisers und des Kronprinzen überging er schweigend.

Am 12. November half er als Präsident der AEG dem zwischen Hugo Stinnes als Vertreter der Arbeitgeberverbände und Carl Legien als Vorsitzendem der »Freien Gewerkschaften« verhandelten Vertrag über den Acht-Stunden-Tag, die Arbeitslosenhilfe, die Mitsprache der Gewerkschaften bei betrieblichen Entscheidungen u.a.m. über die Runden. Am 16. November trat er der neu gegründeten »Deutschen Demokratischen Partei« (DDP) bei, hoffend durch sie in die Nationalversammlung in Weimar delegiert zu werden. Als Kandidat in Weißwasser in der Lausitz hielt er eine eindrückliche Rede, wurde aber er nicht gewählt. Auf der Landesliste erhielt er einen aussichtslosen sechsten Platz.

Als es nach Verabschiedung der Verfassung in Weimar darum ging, den ersten Präsidenten der Republik zu wählen, wurde auch er von einem dubiosen Vertreter von Auslandsdeutschen telegrafisch als Kandidat vorgeschlagen, was höhnisches Gelächter auf der Rechten auslöste und ihn mit grenzenloser Bitterkeit und Wut erfüllte. Mit einem Stakkato von Zeitungsartikeln, Flugschriften und Broschüren rechnete er in den folgenden Monaten mit den Versäumnissen und Fehlleistungen des kaiserlichen Regimes und – der Revolution ab:

- mit dem Kaiser, den er einen »Bezauberer und Gezeichneten« nannte, »eine zerrissene Natur, die den Riß nicht spürt, er geht dem Verhängnis entgegen.«
- mit der Revolution, die keine war, «nur die Türen sprangen auf, die Aufseher liefen davon und das gefangene Volk stand im Hof geblendet, seiner Glieder nicht mächtig ...« Wäre es eine Revolution gewesen, dann hätten die Kräfte und Ideen, die sie erzeugten, fortgewirkt.
- mit dem Sozialismus. Er habe vierzig Jahre lang agitiert und gewirtschaftet, aber nicht gedacht und sei antirevolutionär und ideenlos;
- mit der Bourgeoisie, die nichts als ihre Ruhe haben und schnellstmöglich zum Gelderwerb und zur Streberei zurückkehren wolle;
- mit der beamteten Gelehrsamkeit, die sprachlos vor dem Zusammenbruch ihres hundertjährigen akademischen Festprogramms mit königlich privilegierter Illumination stehe;
- mit dem Volk, das den Krieg führen und verlieren mußte, sich im Winter auf Kohlrüben und Hilfsdienst umgestellt habe, je-

doch binnen Jahresfrist nicht politisch denkend, verwaltungs-
fähig werden könne;

– schließlich nach Abschluß des Friedensvertrages in Versailles
   im Juni 1919 mit dem »Neuen Staat«, der vom Ausland be-
   herrscht noch nicht begriffen habe, daß die volle Fremdherr-
   schaft noch gar nicht angefangen habe, weil der Druck der
   Entschädigungen, der Lasten und Abgaben noch nicht zu
   spüren sei. Er verzehre ein Mehrfaches von dem, was er pro-
   duziere.

Das, so ein zusammenfassender Artikel in der »Welt am Mon-
tag« am 8. November 1919, möge noch einige Zeit dauern:
»Aber die Glocke hat geschlagen. Die kärgliche Erholung ist
vorbei. Die nächsten Jahre werden zeigen, ob unsere Kraft wei-
terreicht als zur Kopie der bürgerlichen Demokratien und Wirt-
schaften des vorigen Jahrhunderts. Ich glaube ja.«

Auch mit sich selbst ging er ins Gericht, in Form einer »Apologia«, einer Verteidigungsschrift, in der er seinen Lebenslauf in
knapper Form so beschrieb, wie er ihn zu diesem Zeitpunkt sah
und der Nachwelt überliefert wissen wollte. Darin schilderte er
seine Kindheit, Jugend und Studienzeit als ein Leben ohne Not,
wenn auch nicht ohne Sorgen. Seinen beruflichen Werdegang
wertete er rückblickend als »Dienst am Gemeinwohl«, seinen
ihm nach maßvollem Verbrauch verbliebenen Besitz »als anver-
trautes Gut der Gemeinschaft.« Sein Leben sei Arbeit, seine Erholung Bücher, zuweilen ein Spaziergang, ab und zu Musik. Ge-
sellschaftliches Leben kenne er seit seiner Jugend nicht mehr.
Orte der Unterhaltung und des Vergnügens besuche er nicht.
Sein Haus sei bürgerlich anständig und werde von zwei langjährigen Hausgenossen besorgt. Anschließend kam er in em-
phatischem Tonfall auf seinen Schloßbesitz zu sprechen: »Freienwalde, Philosoph und Schloßbesitzer. Er besitzt ein Schloß!
Ein königliches Schloß! Und so fügen wohlwollende Menschen-
freunde hinzu – er hat sich im Kaufvertrag dieses königliche Bei-
wort verbürgen lassen. Ein schwerer Vorwurf, trotz Voltaire und
Humboldt.« Doch man möge sehen, wie es sich damit in Wahrheit verhalte: »Im Jahre 1909 wünschte der preußische Kronfis-
kus sich einiger Liegenschaften zu entledigen; eine davon war
das Schloß Freienwalde, Witwensitz der Gemahlin Friedrich Wil-

helm II., ein einstöckiges Landhaus von fünf Fenster Breite und vier Fenster Tiefe, inmitten eines mäßigen Parkgrundstücks am Rande der Stadt Freienwalde gelegen. Ein Freund führte mich hin, weil er wußte, daß ich die Bauweise des preußischen Klassizismus liebe, die damals kaum dem Namen nach bekannt war. Ich erwarb das Haus, um es zu retten, und habe es in sorgfältiger Arbeit im Laufe der Jahre wiederhergestellt; manches abhanden gekommenes wertvolle Gerät konnte zurück erworben werden, was in den Schmähschriften so gedeutet wird: ich habe das Schloß mit Antiquitäten und falschen Ahnenbildern angefüllt.« Bei Kennern der Baugeschichte gelte Freienwalde heute als eines der merkwürdigsten Denkmäler der nachfriderizianischen Epoche, zahlreiche Veröffentlichungen seien darüber erschienen und sein Einfluß auf Bauten und Einrichtungen der letzen Jahre sei erkennbar. Haus und Park sollten unverändert der Zukunft und der Gemeinschaft erhalten bleiben. Die Stiftung, die für den Besitz und seine dauernde Verwaltung zuständig sei, wurde im Laufe des Krieges errichtet. Er wolle nicht verschweigen, daß er sich für berechtigt halte, jährlich einige Sommerwochen in Zurückgezogenheit dort zu verbringen, und daß eine Reihe von Schriften, zumal der größere Teil der »Kommenden Dinge« dort entstanden sei.[61] Daß er der alleinige Inhaber der Schloß-Stiftung war, verschwieg er, desgleichen den Namen des Freundes, der ihn auf das Schloß aufmerksam gemacht und seine Rettung ermöglicht habe. Thomas Mann, noch im Banne seiner »Betrachtungen eines Unpolitischen«, las die »Apologia« und Rathenaus jüngste Schrift über die Revolution und schrieb in sein Tagebuch: »Auch so ein sonderbarer Heiliger, halb echt, halb falsch, halb rein, halb trüb, aber wer könnte von sich sagen, daß es besser um ihn stehe?«[62]

Der Sommer 1919 war der letzte, in dem Rathenau zusammen mit seiner Mutter mehrere Wochen lang in Freienwalde verweilte. Daran erinnerte sich 1928 die Schriftstellerin Clara Blüthgen: »In dem kleinen Freienwalde war alles benachbart. Rathenau und wir guckten uns in die Gärten, wenn auch die ganze Stadt uns trennte und ein Weg von fünf Minuten überwunden werden mußte, um uns zu erreichen. Rathenaus weitausgreifender Geist suchte bei uns schlichter gearteten Menschen das, was ihm Not tat: Entspannung. Tiefer schürfenden Fragen ... gingen wir aus dem Wege, plauderten über hundert Dinge, zuweilen bis in die Nacht hinein. Er hatte ein erstaunliches Gedächtnis, das selbst die unwichtigsten Dinge liebenswürdig festhielt. Wundervoll, von Zärtlichkeit und Humor durchleuchtet war das Verhältnis Rathenaus zu seiner Mutter. Während der Gespräche schweiften seine Augen immer wieder in versteckter Zärtlichkeit zur Mutter hinüber, Scherzworte flogen zwischen beiden hin und her ... dann leise zu mir: ich stehe auf der Auslieferungsliste. Lassen sie aber um Gottes Willen meine Mutter nichts davon merken.«[63]

Im Mai 1920 beschloß der Landkreis Ober-Barnim, das Schloß und seine Nebengebäude Flüchtlingen aus Oberschlesien als provisorische Unterkunft zur Verfügung zu stellen. Rathenau protestierte unter Hinweis auf die Stiftung, die es sich zur Aufgabe gemacht habe, »das Schloß als architektonisches Kunstdenkmal dem vaterländischen Besitz zu erhalten«. Auch der preußische Kultusminister Konrad Hänisch verlangte nach seiner Besichtigung »das Schatzkästlein« zu respektieren. Der Kreis, dessen Wohnungskommission zwischenzeitlich festgestellt hatte, daß die Nebengebäude feucht und unbewohnbar seien, verzichtete auf die »Beschlagnahmung« des Schlosses. Rathenau bedankte sich mit einer Spende von fünfzehntausend Mark für den Bau von Notunterkünften.

Zu diesem Zeitpunkt hatte sich die politische Situation stabilisiert und seine Kritiker beruhigt. Gleich nach dem Kapp-Putsch im April 1920 wurde er von dem Finanzminister der zweiten Nachkriegsregierung, Joseph Wirth, in die Zweite Sozialisierungskommission berufen, in der es darum ging, über die Sozialisierung des Kohlebergbaus und der Kali-Industrie zu befinden. Rathenau war dagegen, weil sie den Alliierten eine weitere Zugriffsmöglichkeit auf Sachwerte geboten hätte. Damit begann sein Weg, den er seit dem Jahre 1907 vergeblich angestrebt hatte: der Weg in die aktive Politik. Mit Wirth verband ihn die Überzeugung, daß sich die Lage Deutschlands vorerst nicht durch Obstruktion, sondern nur durch Verständigung mit den Siegermächten verbessern lasse. Unter dieser Prämisse nahm er im Juli 1920 neben Hugo Stinnes, Bernhard Dernburg und anderen Sachverständigen als Berater an der ersten, größeren Verhandlung über die deutschen Reparationsleistungen im belgischen

Walther Rathenau, Porträt der Mutter Mathilde Rathenau, o. J.

Spa teil, wo sich der Kaiser drei Jahre zuvor unrühmlich aus dem Staub gemacht hatte. Hier bewies er vor allem in Einzelgesprächen mit den britischen und französischen Verhandlungspartnern derartiges Geschick, daß Wirth – im Mai 1921 zum Reichkanzler ernannt – ihm noch im gleichen Monat die Leitung des neugeschaffenen »Wiedergutmachungs-Ministeriums« anbot. Nach kurzem Zögern nahm er es an. In seiner Antrittsrede vor dem Reichstag erklärte er, daß er in eine »Regierung der Erfüllung« eingetreten sei, aber in seiner Tätigkeit primär eine wirtschaftlich-industrielle Aufgabe sehe und sein Amt nach »rein sachlichen Grundsätzen« führen werde. Er verhehlte auch nicht, daß seine Annahme ihm nicht leicht gefallen sei, da er sämtliche privaten Aktivitäten, darunter auch sein Amt als Präsident der AEG, ruhen lassen müsse. Erleichtert wurde ihm seine Amtsführung dadurch, daß auch sein französischer Gesprächspartner aus der Elektroindustrie kam. Vom 10. bis 12. Juni verhandel-

Walther Rathenau mit Gerhart und Margarete Hauptmann auf einem Empfang im Garten des Außenministeriums, 1921

ten Rathenau und Louis Loucheur anfänglich unter vier Augen ohne Dolmetscher über umfangreiche deutsche Sachleistungen für den Wiederaufbau der zerstörten französischen Kriegsgebiete. Beiden war klar, daß die Reichweite ihrer Vereinbarungen und ihre Wirkung begrenzt und von der Weiterentwicklung der Reparationsfrage abhängig war. Dennoch wurde am 10. Oktober ein Abkommen unterzeichnet, das allgemein als »bahnbrechend« angesehen wurde, jedoch nicht verhinderte, daß der zwischenzeitlich gegründete »Völkerbund« in Genf beschloß, Deutschland nach dem Verlust der Kolonien und den vorangegangen Gebietsabtretungen an Frankreich, Belgien, Dänemark und Danzig als Freie Stadt an Polen zusätzlich die Teilung des oberschlesischen Industriegebiets aufzuerlegen. Daraufhin trat das Kabi-

Walther Rathenau, 1921

nett Wirth zurück, und Rathenau verlor sein Amt als Wiedergut-machungs-Minister.

An der zweiten Regierung Wirth, in die die DDP nicht eintrat, war er zunächst nicht beteiligt, saß jedoch als Berater häufig mit am Kabinettstisch und nahm im Dezember 1921 als Sonderbevoll-mächtigter auch an den weitergehenden Reparationsverhand-lungen in London und am 11. und 12. Januar in Cannes teil, wo es ihm gelang, den Teilnehmern, mit Fakten und Zahlen die Komple-xität der zur Verhandlung anstehenden Probleme, insbesondere der allesamt verschuldeten Nachkriegsregierungen in Europa zu verdeutlichen; einer der Gründe, die den englischen Premier-Mi-nister Loyd George veranlaßte, für Anfang Mai in Genua eine Wirt-schaftskonferenz aller kriegsbeteiligten Ländern unter Einschluß der beiden Paria-Mächte Deutschland und der Sowjetunion ein-zuberufen. Das war für Wirth der gewünschte Anlaß, dem Kabi-nett vorzuschlagen, Rathenau zum Außenminister zu ernennen. Dieses Mal überlegte er nicht lange. Am 31. Januar 1922 unter-zeichnete er die Ernennungsurkunde. Seine Mutter erfuhr die Nachricht aus der Zeitung und war entsetzt: »Walther, warum hast du mir das angetan?«, soll sie gesagt haben; woraufhin er: »Ach Mutter, sie hatten keinen anderen.« »Sie« hatten natürlich auch andere, aber niemanden, der sich mit den Problemen der Weltwirtschaft und den Schulden nahezu aller Nachkriegsregie-rungen, die USA ausgenommen, so gut auskannte wie er.

Mathilde Rathenau war nicht die einzige, die über seine Ernen-nung zum Außenminister der Republik einerseits stolz, anderer-seits nach der Ermordung Erzbergers wenige Monate zuvor zu-tiefst beunruhigt war. Auch der Vorsitzende der zionistischen Vereinigung Kurt Blumenfeld und Albert Einstein waren dage-gen; weniger wegen der auch gegen ihn umlaufenden Morddro-hungen, sondern des erneut aufflammenden Antisemitismus, der den deutschen Juden infolge ihrer endlich errungenen un-eingeschränkten Gleichberechtigung und relativ zahlreichen Teilhabe an den Regierungen des Nachkriegszeit nicht nur aus den Freikorps, sondern auch aus bürgerlichen Kreisen entge-genschlug. Wenige Abende vor Beginn der Konferenz in Genua meldeten sie sich zu einem Gespräch in der Koenigsallee an, um Rathenau zum Rücktritt zu bewegen. Er hörte sich ihre Argumente geduldig an, war aber nicht bereit, sein Amt aufzugeben. Es sei, so seine Antwort nach einem nahezu dreistündigen Gespräch, seine Pflicht, dem deutschen Volke, dem er angehöre, sein Können zur Verfügung zu stellen. Freilich, soll er scherzhaft hinzugefügt haben, säße er lieber in der Downingstreet ... Aber sein Amt läge nun einmal in der Wilhelmstraße.

So folgte vom 10. bis zum 19. Mai die Konferenz in Genua, in deren Verlauf am 16. in Rapallo unter Verzicht auf gegenseitige Reparationsleistungen der in Berlin bereits vorverhandelte Friedensvertrag mit der Sowjetunion abgeschlossen wurde. Damit kehrten die beiden outlaws der Nachkriegspolitik auf die internationale Bühne zurück. Auf der letzten Vollversammlung verabschiedete Rathenau sich im Namen der deutschen Delegation mit einer Dankesrede an den Gastgeber und einer eindringlichen Mahnung zur weiteren, friedlichen Lösung aller noch anstehenden Probleme. Sie endete mit den Worten: »Auf diesem Boden sind mehr als große Weltbewegungen entstanden. Abermals und hoffentlich nicht vergeblich haben die Völker der Erde ihr Haupt zu Italien erhoben in der tiefen Empfindung, der der große Dichter des Landes (Petrarca) vor vier Jahrhunderten unsterblichen Ausdruck verliehen hat: Io vò grigando: pace, pace, pace!« Aus Schlesien hallte es zurück: »Schlagt tot den Walther Rathenau, die gottverdammte Judensau.«

Wenige Wochen später, am Vormittag des 24. Juni, wurde Walther Rathenau auf der Fahrt ins Amt, nur wenige hundert Meter von seinem Haus in der Koenigsallee entfernt, von Offizieren der rechtsradikalen Organisation Consul erschossen. Am 25., einem Sonntag, versammelten sich im Berliner Lustgarten Hunderttausende zu einer Protestkundgebung gegen den Terror. Am 26. setzte der Reichspräsident die nach dem Mord an Erzberger erlassene temporäre Notverordnung zum Schutze der Republik erneut in Kraft. Am 27. verabschiedete sich die Reichsregierung im schwarzumflorten Reichstag von dem Toten. In der Kaiserloge saß Mathilde Rathenau, wie zu Stein erstarrt und blickte auf den Sarg hinunter. In seiner Trauerrede sagte Reichspräsident Friedrich Ebert: »Die verruchte Tat traf nicht den Menschen Rathenau allein, sie traf Deutschland in seiner Gesamtheit.« Hunderttausende säumten den Weg des Trauerkondukts zur Fa-

Mathilde Rathenau in der Kaiserloge

Oben: Walther Rathenau vor der Abfahrt nach Genua, Mai 1922

Erbbegräbnis der Familie
Rathenau auf dem Jüdischen
Friedhof an der Wuhlheide in
Oberschöneweide

Oben:
Trauerfeier für Walther Rathenau
im Deutschen Reichstag

miliengrabstätte in Oberschöneweide. Die Gewerkschaften hatten von 12 Uhr mittags bis Mittwoch früh Arbeitsruhe angeordnet. In vielen deutschen Städten gab es Trauerkundgebungen, zahlreiche Straßen und Plätze wurden in den folgenden Wochen und Monaten nach ihm benannt.

Mathilde Rathenau, entschlossen das öffentliche Andenken und das kulturelle Erbe ihres Sohnes zu bewahren, bot der Reichsregierung noch im Todesjahr seine Villa in der Berliner Koenigsstraße mitsamt ihrem umfangreichen Inventar, ihren Sammlungen und der zirka viertausendfünfhundert Bände umfassenden Bibliothek als Stiftung an. Am 24. Juni 1924, der zweiten Wiederkehr des Todestages, ging sie in den Besitz des Reichsinnenministeriums über. Mit dem Gelöbnis, das Haus als Gedenkstätte zu pflegen und zu erhalten, aber auch für geistige und kulturelle Zwecke zu nutzen. Mit seiner Betreuung wurde der Reichskunstwart Edwin Redslob beauftragt. Zusammen mit der von ihm initiierten »Walther-Rathenau-Gesellschaft«, der neben anderen Albert Einstein, Karl Friedrich von Siemens, Franz von Mendelsohn angehörten, bemühte er sich das Haus mit Leben zu füllen. Doch sehr bald zeigte sich, daß es infolge seines intimen Charakters für größere Veranstaltungen nicht geeignet war. Die Aktivitäten beschränkten sich im Wesentlichen gegen Ende der zwanziger Jahre sich auf die Ordnung der Archivalien und die Vergabe eines Walther-Rathenau-Preises, der nur zweimal verliehen wurde. Im September 1933 löste sich die Walther-Rathenau-Gesellschaft e.V. auf. 1934 wurde das Haus der Familie zurückgegeben. Vor ihrer Emigration in die Schweiz wurde es verkauft. Die in zwölf Kisten verstauten Archivalien blieben zurück in der Annahme, daß sie vom Reichsarchiv übernommen würde. Während des Krieges wurden sie in ein Schloß in Schlesien gebracht, wo sich ihre Spur verlor.

Anders das Schicksal des Schlosses in Freienwalde. In den Sommermonaten 1923 bis 1926 sahen die Freienwalder die Erbin der Stiftung Mathilde Rathenau mit der Durchsicht des schriftlichen Nachlasses, insbesondere der Auswahl der von ihr gleich nach dem Tod erbetenen Briefe ihres Sohnes beschäftigt. Im April 1926 erschienen sie, in der von ihr getroffenen Auswahl. Am 28. Juni starb sie in dem Schloß Freienwalde, wo sie sich ihrem

Sohn am nächsten gefühlt hatte. Noch im gleichen Jahr boten die Nacherben – das waren Edith Andreae und ihre vier Töchter – dem Landkreis Oberbarnim die Stiftung als Schenkung an. Unter der Auflage »Schloß und Park als Erinnerungsstätte an die Alt-Preußische Kultur um 1800 und den Reichsaußenminister Dr. Walther Rathenau zu erhalten und der Öffentlichkeit zugänglich zu machen« nahm, obwohl das für ihre Pflege bestimmte Geldvermögen inflationsbedingt dramatisch zusammengeschmolzen war, der Landkreis das Angebot an. Am 21. Mai 1927 eröffnete der Landrat Peter Fritz Mengel, dessen Ernennung im November 1919 Rathenau befürwortet hatte, Schloß und Park offiziell mit einer Rede, in der er noch einmal deren Geschichte erzählte: »Schloß und Park Freienwalde, begünstigt von der Natur, von kunstsinnigen Händen zu einem edlen Sommersitz gestaltet, haben von der gelösten, sonnendurchwärmten Heiterkeit, die in dem Namen zu klingen scheint, nur wenig verspürt. Am Anfang: Sitz der Gemahlin und Witwe Friedrich Wilhelms II. von Preußen – verletzte Frauenwürde, Zurücksetzung und Resignation liegen in diesem Begriff. Am Ende: Zuflucht und Todesstätte Mathilde Rathenaus, die hier, entrückt dem Lärm der Großstadt, sich dem ihr entrissenen Sohne am nächsten fühlte ... Dazwischen die Trauer der Oranier ... die fern von der Heimat ihr blühendes Töchterchen begraben mußten, und der stille Heimgang Elisa Radziwills, einer zarten Blume, getroffen von dem Reif kalter Staatsraison. Viel Menschenleid sahen die Mauern und alten Bäume in den einhundertdreißig Jahren. Nur wenig Freude seltener Sommer- und Wintergäste, Arbeit nur in den kurzen Sommerwochen, die Walther Rathenau hier zwischen 1910 und 1920 verbrachte, Arbeit und durchgeistigte Geselligkeit, Gewinn und kostbare Erinnerung für jeden, der der kristallklaren, formvollendeten Diktion des Hausherrn folgen durfte. Aber kurz, ein Aufflammen, Mittag ohne Abend, jäh abgeschnitten und erloschen. Resignation umwittert das Erbe, das der Kreis Ober-Barnim angetreten hat; müde sind Schloß und Park, weil ihnen außer der Gründerin und Walther Rathenau kaum jemand persönliches Interesse entgegengebracht hat, müde vom Schauen des Leides, vom Leerstehen, vom Warten, müde der persönlichen Behandlung durch getreue und ungetreue Haushalter. Doch ...« – und damit wandte sich der Landrat dem Schloß und der Zukunft zu, »mit dem jungen Lenz des Jahres 1927 ist auch für Dich, Schloß und Park Freienwalde, ein neuer Frühling entstanden! Durch die hochherzige und vorbildliche Schenkung der Erben Walther Rathenaus nennen Dich statt *eines* Herrn jetzt zweiundachtzigtausend Oberbarnimer ihr Eigen. Nicht wirst Du mehr Jahre und Jahrzehnte auf Deinen Herrn warten müssen. Die neuen Herren, das Volk Deiner Heimat, werden tagein, tagaus in Scharen kommen, Gäste werden sich einfinden aus allen Orten, sie werden im Schloß, das Schloßmuseum geworden, sich erfreuen an den von Rathenau liebevoll gesammelten und gepflegten Kunstschätzen.« Zugleich kündigte er den Bau eines Heimatmuseums mit Vortragssaal an, von dem aus, »angelehnt an die alte Kulturstätte ... lebende Ströme des Wissen, der Vertiefung und der Gesittung in die Äcker fließen (sollten), die dieser Befruchtung bedürfen.«[64] Gerhart Hauptmann schickte das eingangs zitierte Grußtelegramm, hoffend, daß das «königlich-bürgerliche Donat« noch vielen Generationen zum Segen gereichen werde.

Eine trügerische Hoffnung. Bereits im Jahr 1928 stockte infolge des Wechsels im Ehrenvorsitz des Aufsichtsrats und des Todes von Felix Deutsch der Zufluß an Spenden und die Zahl der Schloßbesucher. Im Herbst 1929 waren die Folgen der Weltwirtschaftskrise auch in der Mark Brandenburg spürbar. Arbeitslosigkeit und die von der Regierung Brüning als »Osthilfeprogramm« angekündigte Besiedlung überschuldeter Güter mit arbeitslosen Großstädtern hatten verheerende Folgen. Bereits im März 1932 erhielt die NSDAP auch im »Roten Preußen« die absolute Mehrheit der Stimmen, konnte jedoch ohne Partner keine Regierung bilden. Durch den Papenstreich am 20. Juli wurde der langjährige preußische Ministerpräsident Otto Braun seines Amtes enthoben. Aus dem Aufsichtsrat der Stiftung schieden mit den Erben und Freunden der Familie nahezu alle dem Stiftsgründer noch verbundenen Mitglieder aus. Auf der ersten gemeinsamen Sitzung der Verbliebenen und der Gesellschafterversammlung in Anwesenheit des Gauleiters der NSDAP gab es nur einen einzigen Tagesordnungspunkt: die Auflösung der »Walther Rathenau Stift GmbH« zum (juristisch) nächstmöglichen Termin (1939). Sie wurde einstimmig beschlossen.

1934 feierte die Stadt Freienwalde mit großem Aufwand das zweihundertfünfzigjährige Bestehen ihres »Gesundbrunnens«.

Im gleichen Jahr wurde Juden der Zutritt zum Bad verboten, und am Bahnhof prangte das Schild mit der Aufschrift »Juden unerwünscht.« In der Pogrom-Nacht 1938 wurde die in einem Privat-Haus gelegene Synagoge geschändet. Danach stand sie jahrelang leer. Unter der NS-Herrschaft blieb das Schloß als »Vorläufer« des von dem Baumeister des Führers Albert Speer propagierten und in Ansätzen gebauten grandomanen Klassizismus weitgehend unangetastet. Lediglich im Park und im restaurierten Pavillon tummelten sich neben den Badegästen und privaten Sänger-, Sport- und anderen Vereinigungen gut organisierte braune Kulturträger.

1945 blieb Freienwalde dank der nördlich und südlich über die Oder vordringenden sowjetischen Truppen von direkten Kriegshandlungen weitgehend verschont. Zeitweilig logierte im Schloß ein Offiziers-Kader, ohne Schäden anzurichten. Erst nachdem dieser weitergezogen und der Krieg beendet war, kamen die Plünderer und nahmen alles mit, was nicht niet- und nagelfest war. Auch die berühmten Tapeten verschwanden von den Wänden. Von der »Deutschen Demokratischen Republik« wurde Walther Rathenau unter der Prämisse der friedlichen Koexistenz der beiden deutschen Staaten als Unterzeichner des Rapallo-Vertrags und Befürworter konstruktiver Zusammenarbeit zwischen Deutschland und der Sowjetunion generell wohlwollend angesehen. Ab 1949 firmierte das von verschiedenen kulturellen Institutionen genutzte Schloß als »Puschkin-Museum«.

1971 kamen Bulldozer, um auf dem von Rathenau wegen Wassermangel so gut wie nie genutzten Springbrunnen-Rondell als Siegesmal ein sowjetisches Flugzeug zu plazieren. Dabei gingen einige der noch im Park stehenden Skulpturen zu Bruch. Am Südwesthang des Berggartens war bereits 1946 ein russischer Soldatenfriedhof angelegt worden, der bis heute in Ehren gehalten wird.

Das Bild Rathenaus und das Schloß nach 1945

Nach Kriegsende 1945, der Liquidation Preußens 1947 und der Spaltung Deutschlands 1948 kehrte die vom Grauen der Kriegserlebnisse und Zerstörungen, dem Holocaust und den heute kaum noch vorstellbaren Nachkriegsnöten überschattete Erinnerung an Walther Rathenau nur langsam ins öffentliche Bewußtsein zurück. In der DDR wurde seiner vor allem als Opfer des präfaschistischen Monopolkapitalismus und Befürworter der deutsch-sowjetischen Verständigung gedacht. In der BRD verband man die Würdigung seiner vielschichtigen Persönlichkeit und seiner Leistungen als Staatsmann und Visonär der europäischen Einigung mit seiner Bedeutung als Schriftsteller und Philosoph. In Berlin wurde neben der Mordstätte ein neuer Gedenkstein errichtet und die Grabstätte auf dem städtischen Friedhof in Oberschöneweide in die Liste der Ehrengräber aufgenommen. 1974 begründete sich auf Betreiben Theodor Eschenburgs in Frankfurt am Main die »Walther-Rathenau-Gesellschaft e.V.« neu mit dem Ziel, in Anknüpfung an die Tätigkeit der früheren Vereinigung und der Walther-Rathenau-Stiftung, sein Andenken und Vermächtnis zu pflegen, insbesondere eine historisch-kritische Edition seiner Werke und Briefe sowie wissenschaftliche Arbeiten über die von ihm vertretenen Theorien und seine Person zu fördern. In den achtziger Jahren des vergangenen Jahrhunderts erschienen die beiden ersten Bände der neuen kritischen Gesamtausgabe seiner Schriften, gekoppelt mit Erinnerungen namhafter Zeitgenossen an ihre »Gespräche mit Rathenau« und einer komprimierten Biografie Rathenaus als »Repräsentanten, Kritiker und Opfer seiner Zeit«. Sie steckten den Zeitrahmen ab, in dem sich der größte Teil der anschließenden Spezialstudien junger Wissenschaftler bewegte.

Nach dem Zusammenbruch des sowjetischen Systems und der Wiederentdeckung und Öffnung des als verschollen angesehenen Rathenau-Nachlasses in einem Militär-Depot in Moskau veranstaltete das (West)Berliner »Wissenschafts-Kolleg« unter der Leitung von Wolf Lepenies ein Colloquium, in dem namhafte Experten aus den USA, Israel, der Schweiz, der Ex-DDR und der BRD ihre Forschungsergebnisse und Ansichten über den Systemdenker, Industrieorganisator, Zeitkritiker, Schriftsteller, Maler und

Politiker Rathenau zusammentrugen und ein noch heute bedenkenswertes Streitgespräch entfesselten. Es endete mit dem ironischen Stoßseufzer Lepenies', daß man den Geheimnissen der »Megaperson« Rathenau mit den Mitteln der Wissenschaft (allein) kaum auf die Schliche kommen könne. Im Vorwort der Sammelschrift unter dem Titel »Der Mann mit vielen Eigenschaften«, der die Kenner an den persiflierenden Musil-Roman von 1930 »Der Mann ohne Eigenschaften« erinnerte, schrieb der Redakteur Ulrich Raulff: »Je länger man sich mit ihm beschäftigt, um so mehr verdichtet sich der Eindruck, man habe es mit einer fiktiven Figur zu tun, die in Wahrheit aus mehreren Personen zusammengesetzt ist. Neben dem Industriellen steht der Politiker, hinter dem Konzernherrn der philosophische Schriftsteller, und in dem Praktiker wühlt der Geist des Intellektuellen. Er will alles bewegen und wird selbst von allem bewegt, ein Mensch großer Wirkungen, ein Mann vieler Eigenschaften, ein Prometheus und ein Proteus. Wie in einem Prisma brechen sich in dieser Figur die Strahlen der politischen, technischen, künstlerischen Moderne.«

Angeregt durch das Echo auf diese Tagung zeigte das aus Berlin-Charlottenburg in das alte Zeughaus Unter den Linden umgezogene Deutsche Historische Museum in Zusammenarbeit mit dem Leo-Baeck-Institut in New York unter dem Titel »Die Extreme berühren sich – Walther Rathenau 1867-1922« eine Großausstellung mit Beiträgen diverser Experten und Leihgaben aus aller Welt – u.a. aus Moskau –, die das Leben und Werk Rathenaus dem Publikum auch bildlich vor Augen führte. »Ohne ihm seine letzten Geheimnisse entreißen zu wollen«, so Christoph Stölzl im Vorwort des Katalogs.

1997 überraschte der russische Staatspräsident Boris Jelzin auf seinem ersten Staatsbesuch in der alten neuen deutschen Hauptstadt den Bundeskanzler Helmut Kohl mit zwölf Mappen mit originalen Dokumenten aus dem Nachlaß als Gastgeschenk und der Ankündigung, daß die Kopien der zirka siebzigtausend Blätter umfassenden Aktenbestände in Kürze folgen würden. Um die Rückkehr der Originale und die ebenfalls zurückgehaltenen Bestände an persönlichen Schriften, Bildern, Büchern und gegenständlichen Utensilien entwickelte sich in den folgenden Jahren ein lebhaftes Tauziehen, in das sich in Absprache mit dem Kulturministerium auch die Familie der Erben einschaltete, die geltend machte, daß ihre Auslieferung 1939 unter Zwang der Gestapo erfolgt und unrechtmäßig sei. Ohne Erfolg. Die Originale des Aktenbestandes des Nachlasses befinden sich nach wie vor in Moskau.

Parallel zu den hauptstädtischen Ereignissen verständigten sich 1991 in Freienwalde die »Walther Rathenau Gesellschaft e.V.« und der Landkreis Oberbarnim – seit 1994 erweitert und in Märkisch-Oderland umbenannt – auf die Wiederbelebung der erst 1989 juristisch erloschenen »Walther-Rathenau-Stifts gGmbH« mit dem Plan, unter ihrer Regie im Schloß eine dauerhafte Walther-Rathenau-Gedenkstätte, ein Archiv und ein Forschungszentrum zu errichten. 1997 fand in den provisorisch wieder hergerichteten Räumen des Schlosses eine erste Gedenkausstellung statt, die die Stationen des Lebens, den Umbau und die Pflege in komprimierter Form eindrucksvoll widerspiegelten; gefolgt von mehreren Ausstellungen zur Geschichte des Schlosses und seiner Bewohner, einem Nachtrag und Nachklang der grossen Preußen-Ausstellungen der achtziger Jahre des zwanzigsten Jahrhunderts, die das Kulturministerium des Landes Brandenburg veranlaßten, das vom Schwamm befallene Schloß und sein Gärtnerhaus durchgreifend zu sanieren. Im Herbst 2001 wurden sie geschlossen. Mit der Wiedereröffnung des Schlosses im Mai 2007 und dem Beginn der durch eine großzügige private Spende ermöglichten Rekonstruktion des Kunst-Pavillons der Königin geht die Wiederherstellung des baulichen Ensembles seinem Ende entgegen. Um die Gedenkausstellung für Rathenau auf Dauer zu erhalten und das Schloß mit neuem Leben zu füllen, hat sich in 2006 in Berlin ein »Freundeskreis Schloß Freienwalde« gebildet, um in Zusammenarbeit mit dem Landkreis Märkisch-Oderland und der »Walther-Rathenau-Stifts gGmbH« das einzigartige Kleinod des preußischen Frühklassizismus mit seinen Gärten schrittweise in seiner Gesamtheit wiederherzustellen und im Verbund mit anderen Interessenten mit geselligen und kulturellen Veranstaltungen z.B. mit Ausstellungen, Konzerten, Vorträgen, Lesungen und »Gesprächen über die Oder hinweg« mit Leben zu füllen.

Ein Lustschloß mit
Landhauscharakter.
Eremitage einer Königin.
Gedenkstätte für Walther
Rathenau. Foto: 2007

Zeittafel

1867	Walther Rathenau am 29.9.1887 als erstes Kind des Fabrikanten Emil Rathenau und seiner Frau Mathilde, geb. Nachmann in Berlin geboren
1871	Geburt des Bruders Erich, 1883 der Schwester Edith
1882/83	Emil Rathenau erwirbt die Edison-Patente für Deutschland und gründet die deutsche Edisongesellschaft, die 1887 in die AEG (Allgemeine Elektrizitäts Gesellschaft) umgewandelt wird
1885-89	Walther Rathenau studiert Physik, Chemie und Philosophie in Berlin und Straßburg
1890	Promotion in Berlin über „Die Absorption des Lichts in Metallen" und Aufbaustudium München mit Schwerpunkt Chemie
1890/91	Militärdienst als Einjährig-Freiwilliger beim Garde-Kürassier Regiment Pasewalk in Berlin
1892	»Technischer Beamter« in der Aluminium-Industrie AG in Neuhausen/Schweiz
1893-98	Geschäftsführer der von der AEG gegründeten Elektrochemischen Werke Bitterfeld
1895	Zweitwohnung in Berlin, diverse Kontakte mit der zeitgenössischen Moderne
1897	Mit dem Pamphlet »Höre Israel«, Beginn anonymer Veröffentlichungen in der von Maximilian Harden herausgegebenen politischen Wochenschrift »Die Zukunft«
1899	Eintritt in den Vorstand der AEG als Leiter der Abteilung Zentralstationen, Entwicklung und Management diverser Unternehmen im In- und Ausland
1900	Emil Rathenau wird geheimer Oberbaurat, Walther Rathenau referiert vor dem Kaiser und erhält den Roten-Adler-Orden 4. Klasse
1901	Beginn der Automobil-Fabrikation der AEG in Oberschöneweide, Schnellfahrversuche mit 210 Stundenkilometer auf der Strecke Marienfelde-Zossen, Begründung des Kaiserlichen Automobil-Clubs
1902	Walther Rathenau scheidet aus dem AEG-Direktorium aus und wechselt zur Berliner Handelsbank (BHG) Carl Fürstenbergs. Beteiligungen und Aufsichtsratsposten in diversen Unternehmen, Bekanntschaft und Freundschaft mit zahlreichen Künstlern
1906	Griechenlandreise, Peter Behrens wird Chefdesigner der AEG
1907	Juli bis Oktober Teilnahme an der ersten Inspektionsreise des Staatssekretärs Dernburg in Deutsch-Ostafrika
1908	Zweite Afrika-Reise nach Deutsch-Südwest, über beide Reisen ausführliche Denkschriften, Veröffentlichung seiner philosophisch-ästhetischen »Reflexionen«
1909	Erwerb von Schloß Freienwalde

1910	Bau der Stadtvilla in Berlin-Grunewald, Koenigsstraße 65, Stellvertretender Aufsichtsratsvorsitzender der AEG, Aufnahme der Produktion von Flugzeugen in Berlin Hennigsdorf
1911	Vergebliche Kandidatur für den Deutschen Reichstag, Beratung des Reichsschatzamtes zwecks Schaffung eines Reichselektrizitätsmonopols
1912	Veröffentlichung von »Zur Kritik der Zeit« im S. Fischer-Verlag, schwere Erkrankung des Vaters, Bruch der Freundschaft mit Harden, erste Rivalitäten mit Felix Deutsch um den Vorsitz im Vorstand der AEG
1913	Veröffentlichung von »Zur Mechanik des Geistes«
1914	Ausbruch des Ersten Weltkrieges, Aufbau der Kriegs-Rohstoff-Abteilung (KRA) im Kriegsministerium
1915	Tod Emil Rathenaus, Felix Deutsch wird sein Nachfolger im Vorstand der AEG, Walther Rathenau Präsident der AEG
1916	Unterstützung des Hindenburg-Ludendorff-Programms, Warnung vor Eröffnung des uneingeschränkten U-Boot-Krieges
1917	Veröffentlichung seines erfolgreichen Buches »Von kommenden Dingen«
1918	Schloß Freienwalde wird Stiftung. Im Oktober Veröffentlichung eines Aufrufes zur Lévee en masse anstelle der überstürzten Kapitulation
1919	Rathenau wird Mitglied der »Deutschen Demokratischen Partei« (DDP) und verteidigt sich gegen die von rechts und links über ihn hereinbrechenden Angriffe mit einer »Apologie«
1920	Mitglied der 2. Sozialisierungs-Kommission, inoffizielle Mitwirkung an der Außenpolitik auf der Konferenz in Spa
1921	Eintritt in das Kabinett Wirth als Wiederaufbauminister, Niederlegung aller Ämter in der Wirtschaft
1922	31. Januar Ernennung zum Reichsaußenminister, 10. bis 19. Mai Konferenz in Genua, 16. Juni Unterzeichnung des Rapallo-Vertrags mit der Sowjetunion, 24. Juni Ermordung durch Mitglieder der rechtsradikalen Organisation Consul, Trauerfeier im Reichstag und Kundgebungen in diversen deutschen Städten. Nach Abklingen der Inflation Stabilisierung der Republik
1926	Schenkung des Schlosses Freienwalde an den Landkreis Oberbarnim durch die Erben
1934	Juden wird der Zutritt zum »Gesundbrunnen« in Freienwalde verboten
1939	Auflösung der Walther-Rathenau-Stifts-Gesellschaft
1945	Freienwalde wird von Kriegszerstörungen verschont, das Schloß zeitweiliger Sitz eines russischen Offizierskaders, nach dessen Abzug Plünderung des Schlosses
1948	Das Schloß wird Haus der Deutsch-Sowjetischen Freundschaft (Puschkin-Museum)

1991	(Neu)Gründung der Walther-Rathenau-Stifts gGmbH durch den Landkreis Märkisch-Oderland und die »Walther-Rathenau-Gesellschaft e.V.«, nachfolgend mehrere Ausstellungen über die Geschichte des Schlosses und Walther Rathenau
2000	Schließung, grundlegende Sanierung des Schlosses und des Gärtnerhauses.
Mai 2007	Wiedereröffnung des Schlosses

Anmerkungen

1 Theodor Fontane, Wanderungen durch die Mark Brandenburg, Bd. II, Das Oderland, Ullstein-Buch, 1974, S .51

2 A. L. Fr. von Marwitz, Tagebücher, Politische Schriften, Berlin 1913

3 Karin Feuerstein-Praßer, Die preußischen Königinnen, München, 2003, S. 225 f

4 Tagebucheintrag der Oberhofmeisterin Sophia Gräfin Voß am 22.8. 1786 in: Neunundsechzig Jahre am Preußischen Hof, Leipzig 1876

5 Hermann Schmitz, Schloß Freienwalde, Sonderdruck o. J. S. 10

6 Königin Luise von Preußen, Ktl. Oderland-Museum 2001, S. 33

7 Fontane, Wanderungen, Bd. II., S. 64 f

8 Ebenda, S. 67

9 Walther Rathenau, Gesamtausgabe (GSA), Briefe, Bd. VI (1876-1913) S. 915

10 Alois Riedler, Emil Rathenau und das Werden der Großwirtschaft, 1916, S. 133

11 Harry Graf Kessler, Walther Rathenau, Sein Leben und sein Werk, Berlin, 1928, S. 10

12 Ursula von Mangoldt, Auf der Schwelle zwischen gestern und morgen, Weilheim 1963, S.12

13 Max Dessoir, Buch der Erinnerungen, 1947, S. 138/139

14 B. v. Gersdorf, Der Vater von Elektropolis, Tagespiegel, Berlin 1988

15 Walther, Rathenau, GSA, Briefe VI S.958

16 Stefan Pucks, Walther Rathenau im Spiegel der Kunst, in Ktl. Ausst. »Deutsches Historisches Museum« 1993/94, S.83 f

17 Walther Rathenau, »Impressionen«, Leipzig 1902, S.1 f

18 Matthias Eberle, Max Liebermann, Werkverzeichnis der Gemälde und Ölstudien, Bd. I, 1995, S. 24

19 Titel und Zitate sämtlich in »Impressionen«, Leipzig 1902

20 Ernst Schulin, Walther Rathenau – Repräsentant, Kritiker und Opfer seiner Zeit, Göttingen, Zürich 1979, S.28

21 Nach der aus dem Nachlaß erarbeiteten Übersicht des langjährigen Sekretärs und Verwalters des Walther-Rathenau-Archivs in der AEG Hugo Geitner hatte W.R. 1913/14 »weit über 100 gleichzeitig verwaltete Mandate in 86 deutschen und 21 ausländischen Unternehmungen in den Bereichen Elektrizität (24), Metall-Industrien (10), Bergbau und Eisen/Kleinbahnen (je 8), Chemie (7), Telegrafen und Kabel (6), Banken Trust's (5), Spinnereien/Webereien (4), Luftschiffahrt (4), Glasindustrie und Walzwerke (je 2), weitere (je 1) in der Kali-Industrie, im Waggon- und Automobilbau, Papierfabriken, Werften, Keramische und Edelstein-Industrie (je 1)

22 Alfred Kerr, Walther Rathenau, Erinnerungen an eine Freundschaft, Amsterdam 1935, S. 56

23 Walther Rathenau, Briefe GSA, V,I, S. 780

24 Walther Rathenau Tagebuch 1907-1922, kommentiert von Hartmut von Pogge von Strandmann 1967, (ohne 1909 und 1910), S. 57 f

25 Walther Rathenau, Hauptwerke und Gespräche GSA, Bd. II., S. 69

26 Ebenda, S.117

27 Walther Rathenau GSA Briefwechsel Rathenau–Harden, GSA Bd. VI , 1983 S. 592. Ebd. Anmerkung Lili Deutsch an Paul Kahn am 14.12. 1909

28 Carl Fürstenberg, Lebensgeschichte eines deutschen Bankiers, 1870-1914, Hrg. Hans Fürstenberg, 1930, S. 477 f.

29 Max Osborn, Moderne Bauformen, Monatshefte für Architektur, 1912, S. 465

30 Gustav Steinbömer (G. Hillard), Herren und Narren der Welt, München, 1954, S. 232

31 Harry Graf Kessler, Tagebücher, Bd. 4, Frankfurt a.M. S. 659

32 Georg Hermann, Schloß Freienwalde des Herrn Dr. Walther Rathenau in: Die Dame, Monatsschrift, Oktober 1915

33 Walther Rathenau, GSA, Bd. V, I, S. 958

34 Walther Rathenau, Gesammelte Schriften, Bd.I Berlin, 1925, S. 197 f

35 Fritz Schumacher, Stufen des Lebens, Erinnerungen eines Baumeisters, Stuttgart, 1949, S. 370/371

36 Walther Rathenau, Hauptwerke und Gespräche, GSA Bd. II, S.93 f.

37 Ebenda, S. 509

38 Ebenda, S. 509

39 Ebenda, S. 510

40 pan II, Hrg. Paul Cassirer, Alfred Kerr, Jg. II, 1912

41 W. Rathenau, »Festgesang«, Gesammelte Schriften, Bd. I, S. 293

42 Walther Rathenau, Eumeniden-Opfer, in Neue Freie Presse (NFP) Wien, Osterausgabe 1913.

43 Walther Rathenau, , Hauptwerke und Gespräche, GSA, Bd. II, S. 541

44 Walther Rathenau, Briefe , GSA, Bd. V,I, S. 1234

45 Walther Rathenau, Tagebuch, 1914, S.182

46 Walther Rathenau, Briefe, GSA, V,II, S. 1300

47 Ebenda, S. 1325

48 Ebenda, S. 1329

49 Ebenda, S. 1331

50 Ebenda, S. 1346

51 Ebenda, S. 1356

52 Ebenda, S. 1394

53 Ebenda, S. 1413

54 Ebenda, S. 1418

55 Ebenda, S. 1550

56 Ebenda, S. 1571

57 Aus dem Nachlaß, Gesammelte Reden, 1924,

58 Walther Rathenau, GSA, Briefe, Bd. V 2, S. 1873

59 Ebenda, S. 1878

60 Ebenda, S. 1918/19

61 Ebenda, S. 1956

62 Walther Rathenau, Apologie, in Schriften aus der Kriegs- und Nachkriegszeit, Berlin 1929, S. 455
63 Thomas Mann, Tagebücher 1918-1921, Berlin S. 294
64 Clara Blüthgen, Erinnerung an Walter Rathenau, GSA, Bd. II, S. 754 f.
65 Zit. n. Hermann Schmitz, a.a.O.

Literatur-, Quellenhinweise

F. Nikolai, Von den in der Gegend um Berlin liegenden königlichen Lustschlössern und merkwürdigen Städten und Dörfern, Berlin 1786, Neuausgabe Leipzig 1993

Th. Fontane, Wanderungen durch die Mark Brandenburg, Zweiter Teil: Das Oderland, Barnim-Lebus, Berlin/ Weimar 1876

H. Schmitz, Schloß Freienwalde, Berlin 1927

R. Schmidt, Geschichte der Stadt Bad Freienwalde in Einzeldarstellungen, 2. Bd. 1935

M. Lammert, David Gilly. ein Baumeister des deutschen Klassizismus, Berlin 1964

R. Schmook, Begegnungen mit dem Oderland, Führer durch das Oderland Museum in Bad Freienwalde 1994

W. Rathenau, Schriften 1902-1920

Impressionen, Leipzig 1902

Reflexion, Leipzig 1008

Zur Kritik der Zeit, Berlin 1912/13

Zur Mechanik des Geistes, Berlin 1913

Deutschlands Rohstoff-Versorgung, Berlin 1916

Von kommenden Dingen, Berlin 1917

Streitschrift vom Glauben Berlin 1917

Gesammelte Werke, Bd. 1-5, Berlin 1918, Bd. 6 (Politische Schriften) 1929

Kleinere Schriften: Der Kaiser, Der Neue Staat, Kritik der dreifache Revolution, Die neue Gesellschaft, Apologie Berlin 1919, Autonome Wirtschaft, 1920

AEG, Reden zum Gedächtnis an Walther Rathenau, Berlin 1922, Gesammelte Reden, Berlin 1924, Briefe, 2 Bd. Dresden 1926, Neue Briefe, Dresden 1927, Neuauflg. der Gesammelten Schriften mit Bd. 6: Politische Schriften

E. Federn-Kohlhaas, Walther Rathenau Leben und Wirken, Dresden 1927,

Harry Graf Kessler, Walther Rathenau Leben und Werk, Berlin 1928,

Ernst Gottlieb, Walther Rathenau Bibliografie mit 2224 Einzeltiteln und Übersetzungen, 1929

R. Musil, Der Mann ohne Eigenschaften, Roman, 2. Bd., 1930/31

E. Redslob (Hg.), Walther Rathenau, Briefe an eine Freundin, Berlin 1931

H. M. Böttcher, Walther Rathenau Persönlichkeit und Werk, Bonn 1958

H. Pogge von Strandmann, Walther Rathenau Tagebuch 1917-1922, Düsseldorf 1967

E. Schulin, Walther Rathenau Hauptwerke und Gespräche, Gesamtausgabe Bd II,1977

Walther Rathenau Repräsentant, Kritiker und Opfer seiner Zeit, Göttingen, 1979

H. D. Hellige, Walther Rathenau-Maximilian Harden, Briefwechsel, ebd., Bd. VI, 1983

P. Berglar, Walther Rathenau seine Zeit und sein Werk, Graz, Wien, Köln, 1987

T. Buddensieg, Th.Hughes, u.a. Ein Mann vieler Eigenschaften, Walther Rathenau und die Kultur der Moderne, Berlin 1990

Deutsches Historisches Museum, Die Extreme berühren sich, Walther Rathenau 1867-1922, Katalog der Ausstellung, H. Wilderotter (Hg.), Berlin 1992

Walther Rathenau Stift gGmbH, Walther Rathenau und Schloß Freienwalde, Führer durch die Gedenkausstellung 1997

M. Sabrow, Die Macht der Mythen, Walther Rathenau im öffentlichen Gedächtnis, Berlin 1997

M. Sabrow, K. H. Hense (Hrg.), Leitbild oder Erinnerungsort, Neue Beiträge zu Walther Rathenau, Berlin 2003

Christian Schölzel, Walther Rathenau, eine Biografie, Paderborn, Wien, Zürich 2006

Wolfgang Brenner, Walther Rathenau, Deutscher und Jude, Berlin 2006

E. Schulin, A. Jaser, W. Rathenau, Briefe, Gesamtausgabe Bd. V 1 1876-1913, Bd. V 2 1914-1922, Düsseldorf 2006

Periodika: Mitteilungen der Walther-Rathenau-Stift gGmbH / Freienwalder Hefte, jährlich

Website (seit 2001): http// www.walther-rathenau

Bildquellen

Anna Teut, Publizistin, Kunst- und Literaturhistorikerin, zahlreiche Bücher, lebt in Berlin. Im :Transit-Verlag veröffentlichte sie zusammen mit Sigrid Achenbach »Max Liebermann. Das erste Skizzenbuch«.

2007 © by :Transit Buchverlag
Gneisenaustraße 2
10961 Berlin
www.transit-verlag.de

Umschlaggestaltung, unter Verwendung
eines Pastells von Walther Rathenau, Selbstbildnis
und eines Fotos: Ansicht des Schlosses,
und Layout, Gudrun Fröba
Abbildung Seite 2: Porträtfoto Walther Rathenau, 1919
Druck und Bindung: Lindendruck, Hannover
ISBN 978-3-88747-174-3